本书由中央财政支持地方高校发展专项资金提供资助

WOGUO YINHANG TEXUQUAN JIAZHI YU JINGYING XIAOLÜ YANJIU

我国银行特许权价值与经营效率研究

魏 琪 著

重庆大学出版社

内容提要

本书是关于银行特许权价值与经营效率的研究论著，全书共分为8章。第1章介绍问题提出的背景和国内外研究现状，说明研究思路、方法、意义及本书的特色；第2章结合我国银行业监管制度分析银行特许权的构成与特许权价值的来源；第3章研究银行特许权对贷款价格的影响；第4章研究银行特许权价值的风险自律效应；第5章研究经营效率在银行特许权价值形成中的作用；第6章研究法制环境、股权结构对银行经营效率的影响；第7章研究我国现行的主要审慎性监管指标与银行经营效率的非线性关系；第8章总结全文，并提出对策建议和未来研究展望。

本书可为国内外学者进行银行特许权价值、银行经营效率等方面的研究提供借鉴，也可作为银行从业人员和金融监管者从事银行相关工作提供参考。

图书在版编目(CIP)数据

我国银行特许权价值与经营效率研究 / 魏琪著. --
重庆：重庆大学出版社，2017.8
（重庆智能金融实验与实践中心案例库）
ISBN 978-7-5689-0771-2

Ⅰ. ①我… Ⅱ. ①魏… Ⅲ. ①银行经营—研究—中国
Ⅳ. ①F832.3

中国版本图书馆 CIP 数据核字(2017)第 201087 号

我国银行特许权价值与经营效率研究
魏 琪 著
策划编辑：尚东亮
责任编辑：李定群 姜 凤 版式设计：尚东亮
责任校对：邹 忌 责任印制：赵 晟
*
重庆大学出版社出版发行
出版人：易树平
社址：重庆市沙坪坝区大学城西路21号
邮编：401331
电话：(023) 88617190 88617185(中小学)
传真：(023) 88617186 88617166
网址：http://www.cqup.com.cn
邮箱：fxk@cqup.com.cn(营销中心)
全国新华书店经销
重庆俊蒲印务有限公司印刷
*
开本：787mm×1092mm 1/16 印张：9.5 字数：208千
2017年8月第1版 2017年8月第1次印刷
ISBN 978-7-5689-0771-2 定价：25.00元

前言 PREFACE

鉴于银行业高风险的特殊性、危机的全局性和功能的重要性，各国对银行业均实行特许经营制度。取得许可的经营者具有开展银行类业务的权利，不仅能够获得竞争限制、利率管制、政府隐性担保等金融政策为其提供的经营条件，而且能够凭借银行业的产业属性与功能特点，在规模经济、信息资源、市场声誉等方面形成经营优势，这些条件和优势能为经营者创造经济租金，因此，特许权具有极高价值。随着金融领域改革的深入，全面放开利率管制、进一步降低银行业进入门槛、建立市场退出机制、健全存款保险制度将是必然趋势，我国银行业的特许经营环境将逐步改善。在此背景下，深入研究银行特许权价值与银行经营效率问题，不仅可丰富金融监管与银行经营理论，而且对我国银行业改革的深入推进和商业银行的经营管理实践都具有积极的意义。

本书首先结合我国银行业经营制度分析银行特许权的内涵、来源和特许权价值的构成，在此基础上，重点对银行特许权与资金价格的关系、银行特许权价值的风险自律效应、经营效率在提升银行特许权价值中的作用、提高银行经营效率的途径和方式等问题进行理论研究与实证检验。本书的主要内容和结论如下：

①建立讨价还价博弈模型分析贷款价格的形成机制，研究银行特许权对贷款价格谈判的影响，并采用双边随机边界模型和2005—2013年我国商业银行的数据，测度银行特许权形成的议价能力大小及其对贷款价格的影响程度。研究发现：凭借特许权形成的垄断和经营优势，银行具有较借款人更低的谈判成本，表现出更强的讨价还价能力，使谈判达成较高的交易价格；虽然利率管制使贷款价格的议价空间受限，但借贷双方讨价还价是导致贷款价格波动的主要原因，银行凭借特许权在贷款价格谈判中处于强势地位，其获取的剩余是贷款人获得的剩余的近3倍，并使贷款的成交价格高出公允价格0.70%。

②分析隐性存款保险制度下银行的道德风险和特许权价值与银行风险的关系，在此基础上，将银行破产风险分解为经营不确定性与风险覆盖能力、杠杆风险与资产组合风险，建立动态面板模型并采用2003—2013年我国上市银行的数据和系统广义矩估计方法，探讨特许权价值激励银行降低风险承担的途径和方式。研究发现：我国银行的特许权价值具有促使银行控制风险的自律效应，商业银行为避免过高风险而遭受监管当局的惩罚或丧失客户资源，将进行积极的风险管理；特许权价值的风险自律效应主要通过促使银行提升风险覆盖能力、降低资产组合风险和抑制杠杆风险来实现。

③采用个体效应随机边界模型和2003—2013年我国上市银行的数据，估算银行的技术效率变化、技术进步、规模效率变化和广义Malmquist全要素生产率指数，分析银行的价值创造能力在特许权价值形成中的作用。研究发现：特许权价值由特许经营条件与优势和银行利用这些条件与优势创造价值的能力共同决定，银行经营效率越高，将特许经营条件和优势转化为经营效益的能力越强，银行特许权价值也就越高；银行利用特许权创造价值的能力主要表现为资源配置能力和规模化经营能力，技术进步在提升特许权价值中的作用较为有限。

④理论分析股权结构对法制环境与银行经营效率关系的调节作用，在此基础上，采用2005—2014年我国城市商业银行的数据和随机边界分析方法，计算银行的广义Malmquist全要素生产率指数，实证研究法制环境、股权结构对银行经营效率的影响。研究发现：控股股东的股权性质及持股方式与银行经营效率无明显关系；法制环境对银行经营效率的影响因其股权结构而异，在法治水平和市场化程度高的环境中经营，非国有股东控股银行的效率能显著提高，而国有股东控股银行的效率却明显下降。

⑤采用异方差随机边界模型和2003—2012年我国商业银行的数据，测算银行的成本效率和利润效率，研究资本充足性、流动性、贷款损失准备3类审慎性监管要求与银行经营效率的非线性关系。研究发现：资本充足率、杠杆率对银行成本效率和利润效率均具有边际递减的促进作用；贷存比对银行成本效率的影响存在非单调性；流动性比率对银行成本效率具有边际递增的抑制作用；拨备覆盖率对银行成本效率和利润效率的作用均存在非单调性。

本书的研究表明：银行特许权具有推高企业融资成本、降低社会资金配置效率的负面效应，同时，特许权价值也具有抑制银行风险承担、激励银行谨慎经营的积极效果，因此，在金融改革中需要合理平衡这两者之间的关系。在当前银行业改革使得银行过去优越的特许经营条件逐渐淡化的背景下，提高银行特许权价值，需要通过营造良好的法制环境、深化股权结构改革、适度监管等多种方式提高银行经营效率，这不仅是提升银行经营发展能力的迫切需要，也是增强银行经营稳健性的内在要求。

编　者

2017年4月

目录
CONTENTS

第1章 绪 论

1.1 研究背景

银行业是“买卖资金”、经营货币的特殊行业，能够把吸收存款获得的资金用于发放贷款，以较少的自有资本进行大规模的投资活动，特殊的资产负债业务决定了银行经营具有极大的风险。同时，作为社会经济活动的媒介，银行风险具有较高的传染性，商业银行风险的聚集与扩散不但会导致一国经济动荡，甚至可能会演变成区域性或全球性的金融危机。另外，银行是现代金融和经济的核心，不仅为实体经济提供资金支持，而且具有信用创造、资金疏导、金融服务等多种功能，高效的银行业金融体系是一国经济持续健康发展的重要保障。

鉴于银行业高风险的特殊性、危机的全局性和功能的重要性，各国对银行业均实行特许经营制度，通过限制发放经营许可证、限定业务范围、严格的金融监管等措施来保障银行业的稳健运行。特许经营为银行业构筑了较高的进入壁垒，许可证持有者不仅具有开展资金借贷等特殊业务的权利，并获得竞争限制、利率管制以及政府隐性担保等金融管制政策带来的超额收益，而且凭借银行业的产业属性和功能特点，能够在规模经济、信息资源、市场声誉等方面形成经营优势（Demsetz et al,1996）。以此而论，特许权能为银行创造经济租金，具有极高的价值，即特许权价值。特许权价值实质上是银行凭借特许权而获得的超额收益，它会因银行破产而消失。因此从理论上讲，银行为避免破产而丧失特许权价值，将进行积极的风险管理，采取谨慎的经营策略，即特许权价值具有激励银行控制风险的自律效应（Marcus,1984;Keeley,1990）。

我国银行业实行特许经营制度，经营银行业务须取得监管当局颁发的金融许可证并满足特定的经营条件和监管要求。在特许经营制度下，同时伴随着我国经济的高速发展和银行自身经营能力的快速提升，近年来，我国商业银行的经营效益大幅增长，见表1.1，银行业成了当前我国“最赚钱”的行业。

表1.1 2007—2013年我国银行业金融机构利润状况

年份	2007	2008	2009	2010	2011	2012	2013
净利润/千亿元	4.47	5.83	6.68	8.99	12.52	15.12	17.44
净利润增长率/%	27.21	30.58	14.58	34.51	39.24	20.74	15.41

续表

年份	2007	2008	2009	2010	2011	2012	2013
资产利润率/%	0.90	1.00	0.90	1.00	1.20	1.20	1.20
资本利润率/%	16.70	17.10	16.20	17.50	19.20	19.00	18.50

数据来源:《中国银行业监督管理委员会 2007 年报》至《中国银行业监督管理委员会 2013 年报》。

与银行业高收益形成鲜明对比,实体经济的利润率却逐步收窄。2013 年,A 股 2 456 家非银行上市公司净利润总额为 10 921.83 亿元,仅为 16 家上市银行的利润总额的 94.28%。非银行上市公司平均净资产收益率(ROE)为 9.68%,仅为上市银行 ROE 的一半,且远低于全球工商企业的平均 ROE 12.6%。非上市企业的盈利能力可能更低。实体经济利润率低下、经营困难是多种因素造成的,融资成本高、资金压力大无疑是其最重要的原因。据统计,2013 年年底我国企业债权融资的平均成本为 13.21%,其中通过商业银行融资的平均成本约为 9.70%,通过影子银行融资的平均成本约为 18.28%。商业银行高收益与工商企业低利润、高融资成本形成了强烈的反差,因此,业界普遍认为银行"店大欺客",凭借对信贷资源的垄断和特殊的经营条件迫使企业接受较高的贷款价格,获取了超额收益,并推高了企业的融资成本。

近年来,随着金融领域改革和开放的加速推进,我国银行业的市场结构明显得到改善,利率的市场化程度显著提升,市场化的存款保险机制日趋成熟,过去严格管制的金融环境将逐渐改变,政策保护为银行创造的特许经营条件将逐渐淡化。

在银行业市场结构方面。第一,自加入世界贸易组织(WTO)以来,外资银行加速进入中国金融市场。截至 2013 年年底,共有 51 个国家和地区的银行在华设立 42 家外资法人金融机构、92 家外国银行分行和 187 家代表处,外资(国)银行营业网点达 947 家,遍布我国 27 个省(市、区)的 69 个城市,资产占银行业金融机构资产总额的 1.69%。第二,国内商业银行或分支机构的开办设立条件日趋宽松。2009 年 4 月,银监会发布《关于中小商业银行分支机构市场准入政策的调整意见(试行)》,放宽了对股份制和城市商业银行异地设立分支机构的限制,商业银行加快了跨区域经营步伐。第三,民间资本进入银行业的条件逐步放开,银行的产权结构进一步丰富。2012 年 5 月,银监会发布《关于鼓励和引导民间资本进入银行业的实施意见》,支持民间资本与其他资本按同等条件进入银行业,规定"民营企业可通过发起设立、认购新股、受让股权、并购重组等多种方式投资银行业金融机构"。截至 2015 年 6 月,民间资本在股份制银行和城商行股比超过 50% 的已有 100 多家,占总家数的 70% 左右。第四,民营银行的发起设立条件也逐渐放开,银行业的市场结构进一步多元化。2013 年 7 月,国务院发布《关于金融支持经济结构调整和转型升级的指导意见》,要求"深入推进利率市场化改革,更大程度发挥市场在资金配置中的基础性作用;鼓励民间资本投资入股金融机构和参与金融机构重组改造;尝试由民间资本发起设立自担风险的民营银行、金融租赁公司和消费金融公司等金融机构"。2014 年 8 月,国务院发布《关于多措并举着力缓解企业融资成本高问题的指导意见》,再次强调"优化金融机构市场准入,加快推动具备条件的民间资本依法发起设立中小型银行等金融机构”。截至 2015 年 6 月,已有 5 家民营银行取得了经营牌照。

在利率市场化改革方面。自 1996 年 6 月央行放开银行间同业拆借利率以来,我国根据宏、微观经济形势适时放开对金融资产价格的管制,逐步扩大市场主体的协商议价空间。2013 年 7 月,央行宣布取消金融机构贷款利率 0.7 倍的下限,标志着我国贷款利率管制的结束。2015 年 10 月,央行规定对商业银行不再设置存款利率浮动上限,标志着我国存款利率管制已基本结束。目前我国已取消对大部分金融产品价格的管制,存贷款价格由交易双方根据价值原理和供需原则谈判协商确定,市场机制在资金配置中的基础性作用将更加突出。

在存款保险制度方面。经过 20 余年的准备和酝酿,2015 年 5 月 1 日《存款保险条例》正式施行,这标志着我国建立市场化的存款保险制度已取得了实质性进展,长期以来政府兜底银行风险的隐性存款保险制度将退出历史舞台。显性存款保险制度的建立和完善必将改变银行的生存环境,银行的风险行为将直接与其经营成本、破产概率以及投资者(存款人)的心理预期挂钩。另外,随着改革的深入,我国银行破产的相关法律制度和程序也将逐步完善,建立健全银行业市场退出机制将是必然趋势。

2008 年次贷危机表明,金融创新是现代银行业务中风险最易聚集和暴露的环节,虽然监管当局事先对银行采取了较为严格的监管措施,但仍然未能及时防范银行的风险行为,特别是未能有效控制金融创新衍生的各类金融风险。危机使人们反思银行风险自律的重要性,意识到促使银行业稳健运行不仅需要强化外部监管,督促银行减少风险承担,更需要银行自觉采取有效的风险管理策略,主动控制各类风险,增强风险抵御能力。随着我国金融领域改革的持续深入,银行业的市场竞争将日趋激烈,在当前金融全球化加速推进、以互联网金融为代表的新型金融业态快速兴起和发展的背景下,银行积极开展金融创新、发展非存贷业务将是获取竞争优势的关键。在有序推进金融创新的同时,如何有效控制金融风险将是金融监管和银行自身持续发展面临的重要课题。

在当前我国企业融资成本高、金融改革使银行特许经营条件逐步改变、市场竞争和金融创新使银行潜在风险逐渐凸显的背景下,银行特许权是否抬高了贷款价格？特许权价值是否具有激励银行控制风险的自律效应？提升银行经营效率是否有助于提高特许权价值？如何提高银行经营效率？这些问题是监管当局、理论界和实务界关注的焦点,本书以此为出发点研究我国银行特许权价值及经营效率问题。

1.2 文献评述

理论界对银行特许权价值(bank chartered value 或 bank franchise value)的关注最早可追溯到 20 世纪 60 年代,经过几十年的发展和积累,已形成了丰富的研究成果。近年来,随着部分国家金融自由化的加速和银行业改革的深入,特别是在 2008 年次贷危机期间银行风险暴露和政府对银行救助的背景下,理论界对银行特许权价值问题产生了新的兴趣。本节从特许权价值的概念、来源及影响因素,特许权价值与银行风险的关系,审慎性监管对银行经营效率的影响等层面归纳梳理现有文献,并在此基础上总结、评论相关研究。

1.2.1　银行特许权价值的概念、来源及影响因素

(1)银行特许权价值的概念

现有文献对银行特许权价值的定义因其研究侧重点而异。总体而言,可分为以下几类:

1)从银行的经济特征层面定义银行特许权价值

Diamond 和 Rajan(1966)率先提出了银行特许权和银行特许权价值的概念,他们认为,银行在帮助企业或个人完成信用与资金交易时具有优势,能够取代以前依靠自身信用的交易方式,但银行获得这种优势需要政府或是其他相关部门的许可,这种优势被称为"银行特许权"。银行在业务活动中利用"银行特许权"获取的超额收益即为银行特许权价值。Petersen 和 Rajan(1973)在他们的研究中将银行特许权价值定义为:银行由于从政府那里获取了经营资金的权利,它们几乎掌握了贷款客户的大部分信用资料,这种比较优势能为其创造超额收益,即银行特许权价值。Gorton 和 Winton(1995)认为,银行在贷款或其他经营活动中积累了大量私有信息,能够节约交易成本,信息优势为银行创造的超额收益即为银行特许权价值。

2)从经营牌照的角度定义银行特许权价值

Buser 等(1981)定义银行特许权价值为"一种来自银行业经营许可证的租金"。Marcus(1984)把特许权价值看成是银行牌照的价值。他认为,由于银行业务有特殊的经营要求,政府对银行业实行许可制度,经营牌照供给有限且不可转让,严格的管制使银行牌照具有较高的价值。Lindley 等(2004)认为,银行的经营牌照赋予了银行获取租金的权力,因此,特许权价值是银行经营权期望价值的折现值。

3)从对银行经营专属权保护的角度定义特许权价值

Guttenlay 和 Herring (1983)定义银行特许权价值为:当银行的基本职能、雇员以及客户等经营要素保持不变时,预期从新业务中获取的净收入的现值。他们认为,特许权价值依赖于政府对银行经营专属权的保护,这种专属权包括既定的经营领域、独特的市场结构、雇员的专业技术及其发展的客户关系等。Fisher 和 Gueyie(2001)进一步认为,特许权价值就是银行从受保护的市场势力、商誉、规模经济以及优质信息中获得的期望未来利润的现值,它是一种无形资产。

4)将特许权价值定义为银行获取的经济租金

Hellmann 等(1996)在提出"金融约束"理论时指出,金融监管为银行创造的经济租金即为特许权价值。他们认为,经济租金使银行有动力成为一个长期经营者,能积极有效地监督借款人,确保贷款得到最有效率的利用。青木昌彦(2001)认为,银行在关系型融资中能够获得垄断租金、政策诱导性租金、信誉租金、信息租金等经济租金,它们构成了银行特许权价值。

国内对银行特许权价值的研究较晚且处于起步阶段,在特许权价值的含义方面主要借鉴国外的相关文献(吴秋实 等,2010;张庆君 等,2013)。陆前进(2002)率先在国内引入了银行特许权价值的概念,他指出银行特许权价值“本质上是银行凭借其特许地位取得的经济租金”。马晓军、欧阳姝(2007)定义银行特许权价值为“银行因为拥有经营银行业的许可证而获得的收益”。类似地,李燕平、韩立岩(2006)以及韩立岩、李燕平(2008)也认为,特许权价值是银行因获准经营银行类业务而取得的价值,本质上是准入壁垒、利率上限和竞争限制等为银行所创造的租金。

现有文献虽然从不同角度定义了银行特许权价值,并认为其实质是特许权为银行创造的价值,但却没有进一步阐述银行特许权的内涵,也没有说明特许权如何为银行创造价值,这不便于我们对银行特许权价值形成更全面认识。

(2)银行特许权价值的来源与构成

Demsetz 等(1996)认为,银行特许权价值来源于以下两个方面:一是政府对银行业的管制。鉴于银行业的特殊性,各国政府都对银行业制定了严格的管制政策,不仅设定了较高的开办设立条件和监管要求,而且采取市场准入限制、经营地域限制、业务领域限制等竞争限制措施以有效控制银行业,确保该行业的稳健运行。管制政策不仅使银行的经营业务能获得专属权保护,而且使银行业呈现出不完全竞争的市场结构,在位银行可形成较强的市场势力,获得垄断租金收益。这部分来源决定了银行业的市场竞争状态,一般称为“市场相关(market-related)”因素。二是银行经营的特征。在同一个被管制的经营环境中,银行特许权价值的大小因银行的特征而异,这些特征包括人力资本、技术创新、经营方式、管理经验、市场声誉、信息资源、客户关系等多方面的内容,它们能降低银行的交易成本,使银行具有更大的竞争优势,能获得更多的特许权价值。这部分来源取决于银行自身的经营状态,一般被称为“银行相关(bank-related)”因素。

国内外文献大多沿袭了 Demsetz 等(1996)关于银行特许权价值来源的观点,并在此基础上,进一步认为银行特许权价值由以下 3 个部分构成:一是市场垄断形成的超额收益;二是高杠杆经营形成的杠杆收益;三是竞争优势形成的经营收益。其中第一部分由“市场相关”因素创造,即政府对银行业的管制越严格,银行业的市场集中度越高,银行获得的垄断收益越多,特许权价值越大;第二、三部分由“银行相关”因素创造,即银行越能充分利用杠杆经营优势或经营有方而获得更多的市场资源,其经营效应越好,特许权价值就越大(Furlong et al,2006;Ghosh,2009a;马晓军 等,2007;曲洪建,2011)。

银行特许权价值根源于政府对银行业特殊的经营制度安排,除竞争限制外,监管当局还可能采取利率管制、隐性保险等金融管制措施,这些经营条件能为银行创造经济租金,也是银行特许权价值的重要来源。同时,“银行相关”因素虽然取决于银行自身的经营管理能力,但部分因素本质上根源于银行的行业属性。比如,杠杆经营使银行能快速形成规模经济,银行的中介功能使其能积累较多的客户信息,银行业的历史沉淀使“银行”具有良好的商誉等,这些因素需要经营者进入该行业才能获得。另外,特许权价值本质上是银行通过自身的经营活动创造的价值,而金融管制为银行创造的经营条件和行业属性赋予银行的经营优势仅是客观的外在因素，因此，银行特许权价值大小还取决于银行利用这些条件和优势创造价值的能力。现有文献虽然阐述了银行特许权价值的构成和来源，但没有从以上几个层面进行深入细致的分析。

(3)银行特许权价值的影响因素

基于对银行特许权价值的构成与来源的认识，现有文献从以下几个方面分析了银行特许权价值的影响因素：

1)金融自由化

鉴于政府的金融管制是银行特许权价值的基本来源，国内外学者首先从金融自由化层面讨论了银行特许权价值的影响因素。Keeley(1990)在研究银行特许权价值的风险自律效应时指出，20 世纪 50—70 年代，美国银行业管制的放松加剧了行业竞争，稀释了银行特许权价值。Demsetz 等(1996)认为，在金融自由化浪潮中，随着非银行金融机构的业务渗入和金融创新的发展，银行业的外部竞争环境更加恶劣，银行的特许权价值随之下降。Hellmann 等(1996)也强调，取消存款利率上限、降低银行进入门槛等金融自有化改革措施降低了银行的经济租金，侵蚀了银行的特许权价值。Demirgüc-Kunt 和 Detragiache(1998)采用 80 个国家 1988—1995 年的银行业数据，实证研究了放松利率管制和降低银行进入壁垒对银行特许权价值的影响，他们发现取消存款利率上限、降低银行进入门槛等金融自由化政策削弱了银行的垄断势力，导致了银行特许权价值的下降。Hellmann 等(2000)建立存款竞争动态模型的研究表明，取消存款利率管制后，存款价格由市场决定，银行将通过提高存款价格来扩大存款规模，从而增加了银行的资金成本，侵蚀了银行利润，降低了特许权价值。Furlong 和 Kwan(2005)进一步指出，美国银行业监管法律的调整是导致 20 世纪 90 年代银行特许权价值下降的重要原因。尽管大多数研究认为政府对银行业的管制程度与银行特许权价值具有正向关系，但也有不同的观点。Gonzalez(2005)使用 36 个国家 251 家银行的数据，分析了银行监管对银行特许权价值的影响，研究表明，监管约束降低了银行的特许权价值，存款保险与银行特许权价值具有正向关系，但在控制内生性问题后，这种关系不明显。

2)金融开放

随着金融全球化的深入，部分文献研究了金融开放对银行特许权价值的冲击。Demirgüc-Kunt 和 Detragiache(1998)的跨国实证研究发现，外资银行的大量进入稀释了国内银行的垄断利润，降低了特许权价值，增加了银行体系的不稳定性。与之相反，Levine(1999)的研究表明，跨国银行在服务水平、业务创新、信贷定价等方面具有优势，能带动国内银行提高业务质量，因此，外资银行的进入增加了国内银行的特许权价值，提高了银行业金融系统的稳健性。苑素静(2005)对韩国银行业的研究表明，20 世纪 90 年代韩国金融市场对外开放和金融自由化加剧了银行业的市场竞争，降低了银行的特许权价值，这是导致在亚洲金融风暴中韩国银行业风险迅速暴露的重要原因。韩立岩、李伟(2008)采用中国银行业 1999—2006 年的数据检验了外资银行进入与中资银行特许权价值的关系，研究发现，以资产份额和数量份额表示的外资银行进入程度与特许权价值均显著正相关；与资产份额相比，外资银行数量的增加对银行特许权价值的影响更为显著；另外，外资银行参股对国内银行特许权价值未产生显著影响。

除上述从金融自由化和金融开放层面间接分析市场竞争对银行特许权价值的影响外，国内外学者还直接研究了银行业市场结构与特许权价值的关系。Besanko 和 Thakor(1993)指出，特许权价值源于银行在关系型借贷中拥有的私有信息，因此，竞争的增加侵蚀了关系型借贷中银行具有的信息租金，降低了特许权价值。马晓军、欧阳姝(2007)采用 1998—2005 年中国 7 家商业银行和美国 96 家商业银行数据的研究显示，市场集中度对两国(中国和美国)银行业的特许权价值均具有良好的解释作用。Ghosh(2009a)对印度银行业的研究也表明，存款和贷款市场的集中度与银行特许权价值均具有显著的正向关系，市场竞争是影响银行特许权价值的重要因素。Gonzalez-Rodriguez(2008)采用 27 个国家 276 家银行的数据和联立方程模型分析了监管对市场集中度与银行特许权价值关系的影响，研究发现，市场集中度与银行特许权价值之间的正相关关系不是绝对的，它依赖于国家的监管政策和体制设置。

3)银行特征

国外学者从不同角度研究了银行个体特征与特许权价值的关系。Cebenoyan 等(1999)考察了 1986—1995 年美国银行业经理人持股和股权结构对特许权价值的影响，他们发现，严重的代理冲突使管理层更倾向于从事非盈利性项目，降低了银行的特许权价值。Petersen 和 Rajan(1995)的研究表明，倾向于建立长期客户关系、拥有信息优势的银行能降低交易成本，获得更多的利润，具有更高的银行特许权价值。Palia 和 Porter(2004)实证检验了资本要求和管理层激励对银行特许权价值的影响，研究显示，提高资本水平能提升银行的特许权价值，而管理层激励与银行特许权价值却无显著关系。De Nicolo 等(2000)以 1988—1998 年的 21 个工业化国家的上市银行为样本的研究发现，银行规模越大，越能利用市场势力获取经济租金，其特许权价值越高。Furlong 和 Kwan(2006)研究了银行传统业务、产品创新、盈利能力、经营规模等特征与特许权价值的关系，他们发现，提高核心存款比率、增强经营效率能增加银行的特许权价值，大型银行对非利息收入的依赖程度与特许权价值具有显著的正向关系；他们还发现，19 世纪 90 年代初期以来银行特许权价值的上升与这一时期较好的经济环境有关。De Jonghe 和 Vennet(2008)研究了欧洲银行业的市场结构、银行经营效率与特许权价值的关系，研究表明，管理技术高、经营能力强的银行因拥有持久的核心竞争力而具有较高的特许权价值，市场结构对银行特许权价值的影响不是对等的，在集中度较高的市场中，只有市场份额大的银行才能获得垄断租金；另外，国家宏观经济发展状况对银行特许权价值也具有重要的影响。Haq 等(2013)采用 1995—2011 年澳大利亚和加拿大上市银行数据的研究显示，银行资本、或有债务和非利息收入是特许权价值的重要来源。Egly 和 Sun(2014)还研究了衍生品交易等中间业务与银行特许权价值的关系，他们发现衍生品交易收入对银行特许权价值的影响较小。Salotti 等(2014)采用 2000—2011 年 442 家银行和储蓄机构数据的研究表明，特许权价值与净利差、资产总额和不良资产相关，同时还受贷款投资组合特别是房地产贷款投资，以及特许权类型(银行或储蓄机构)的影响，但存款率和监管资本率与银行特许权价值的关系不明显。

国内方面，李艳、张涤新(2006)采用1994—2003年我国银行业数据的研究发现，单位资本的银行特许权价值与存贷利差、存款准备金率、资本机会成本率均具有负向关系，而与资产运用率、资本充足率正相关。马晓军、欧阳姝(2007)的研究显示，坏账率、坏账准备金率、资本充足率和贷款资产率影响中、美两国银行特许权价值的作用方式存在差异。孙犇、黄河(2010a)采用我国14家上市银行数据的研究表明，我国银行的特许权价值主要取决于银行业市场结构和宏观经济因素，资产规模与银行特许权价值呈负向关系，资产质量、盈利能力与银行特许权价值具有正向关系，控股股东性质对银行特许权价值无显著性影响。

4)经济环境

银行特许权价值不仅与国家的金融政策、银行业的市场结构以及银行的经营管理特征相关，而且还受宏观经济环境的影响。Saunders 和 Wilson(2001)通过对1893—1992年美国银行业数据的分析发现，银行特许权价值随经济周期波动变化，在经济上升期，银行收益增加且更易获得资本支持，特许权价值增加，而在经济下行期则相反。Furlong 和 Kwan(2005)进一步指出，内外部因素对银行特许权价值的影响程度和作用方式随银行业的发展而改变。伏霖等(2011)通过对86个国家的跨国实证分析表明，市场准入限制、经营范围限制、资本金管制、监管力度、银行成本控制能力、银行业发达程度和实际通货膨胀率与银行特许权价值正相关，外资参与度和经济发展水平与特许权价值负相关。

特许权价值实质上是银行在经营管理活动中利用特许权赋予的经营条件和优势创造的价值，这些条件和优势是银行的无形资产，它们向经营收益的转化效率对银行特许权价值的形成具有重要影响。国内外文献虽然对影响银行特许权价值的内外部因素进行了深入、细致的探讨，也有部分文献研究了银行经营管理能力与特许权价值的关系，但没有分析生产要素以外的因素如生产效率与银行特许权价值的关系。

1.2.2 特许权价值与银行风险的关系

特许权价值对银行风险的作用是理论界和实务界关注的焦点，也是国内外关于银行特许权价值研究的重点。对于特许权价值和银行风险的关系，现有文献一直存在两种观点：一是特许权价值具有激励银行控制风险的自律作用；二是特许权价值不能抑制银行的风险承担，或它们的关系受其他因素的影响。

(1)特许权价值的风险自律效应

Merton(1977)和 Marcus(1984)提出了著名的“道德风险”假说，他们认为，股东是银行经营行为的主要决策者，在存款保险制度下，他们有动机使银行从事高风险的投资活动以获取较高的投资回报，而将经营风险转嫁给存款保险机构或政府，因此，存款保险制度使银行始终具有过度承担风险的动力。在“道德风险”假说下，国内外学者从加强外部监管、强化内部约束等多个角度探寻了抑制银行风险承担的途径与方式。

Marcus 和 Shaked (1984)运用期权定价方法分析了特许权价值和银行风险承担的关系，最早提出了特许权价值的风险自律效应假说。他们认为，特许权价值会随银行破产而消失，是银行经营失败的机会成本，银行的特许权价值越高，其破产的潜在损失越大，因此，银行为保护特许权价值,将采取稳健的经营策略,避免过度的风险承担,即特许权价值的存在会激励银行控制风险。

Keeley(1990)运用状态偏好模型得出了与 Marcus(1984)一致的结论。Keeley 指出,特许权价值与资本金一样具有抑制银行道德风险的作用,只有在承担风险的期权价值大于破产导致的特许权价值损失时,银行才会选择过度的风险承担。他认为,20 世纪 50—70 年代美国银行业竞争的加剧降低了银行的特许权价值,导致了 80 年代银行业风险的聚集。Suarez(1994)利用动态规划技术得出了与 Keeley(1990)、Marcus(1984)相同的结论。他将特许权价值作为一个内生变量添加到无边界模型中,揭示了市场势力、破产策略和银行监管的相互关系,说明了特许权价值是银行破产成本的重要内容,将激励银行进行谨慎经营。

特许权价值的风险自律效应实质上是"金融约束"理论(Hellmann et al,1996)在银行业的表现。Hellmann 等(1996)指出,政府通过一系列金融政策为金融部门创造的租金机会可以激励其主动规避风险,从而解决金融行业广泛存在的道德风险和逆向选择问题。对银行业而言,政府管制形成的经济租金为银行创造了特许权价值,使银行有动力积极有效地监督借款人,确保信贷风险可控且资金得到高效利用。

Steven 等(1992)采用美国和日本银行业的数据实证检验了特许权价值与银行风险的关系,他们发现,20 世纪 70—90 年代初,美国和日本银行业风险的急剧增加与这段时期银行特许权价值的大幅度下降有关,市场竞争降低了银行经营的稳健性。Demsetz 等(1996)采用 1986—1994 年美国银行业的数据实证研究了特许权价值对银行风险的影响。研究发现,特许权价值高的银行持有更多的资本和更少的风险资产,维持更合理的贷款组合。研究表明,特许权价值具有抑制银行风险的作用,并且在竞争度较低的市场中,银行更高效且更安全,因此,维持较高的特许权价值有助于降低银行风险承担,并减少银行和监管者之间的潜在冲突。Gallowey 等(1997)采用 1977—1994 年美国银行业数据研究了银行事前风险激励和事后经营稳健性之间的关系,进一步验证了 Demsetz 等(1996)的结论。他们发现,1983—1989 年伴随银行特许权价值的普遍下降,事前风险激励高的银行具有更高的风险,而事前风险激励与银行特许权价值具有负向相关。Hellmann 等(2000)在特许权价值风险自律效应的框架下研究了竞争对银行风险的影响。他们的理论分析表明,竞争降低了银行的特许权价值,银行随之会增加财务杠杆、经营杠杆比例和风险承担,最终将导致经营风险的大幅上升。Furlong 和 Kwan(2005)研究了美国 20 世纪 80 年代中期以来特许权价值与银行风险的关系,他们指出,是相对特许权价值而非绝对特许权价值具有约束银行风险的自律效应,即当平均特许权价值较低时,特许权价值能显著抑制银行风险承担,而当平均特许权价值较高时,其自律效应减弱。

Salas 和 Saurina(2003)对西班牙银行业的研究显示,金融自由化加剧了行业竞争,侵蚀了银行的市场势力;特许权价值越低的银行其资本资产率越低,偿付能力越弱,信用风险越高。Konishi 和 Yasuda(2004)采用 1990—1999 年日本银行业的数据,研究了银行风险的决定因素,他们发现,特许权价值与银行风险具有负向关系,并且这种关系不因银行的所有权结构而异。Gonzalez (2005)使用跨国数据的研究表明,监管约束与银行风险承担具有负向关系，在严格金融管制的国家，银行因特许权价值较低而具有更强的风险动机。Stolz(2007)采用1997—2003年欧盟95家上市银行的数据研究特许权价值及其对银行风险的影响时发现，特许权价值越高的银行其资本充足率越低，他们认为，高特许权价值的银行能获得更多的利润，只需持有较少的资本就能缓冲经营风险。Iwatsubo(2007)研究日本20世纪90年代房地产价格和贷款回报率下降，而银行却不断增加贷款的现象时发现，当银行资本资产比率和特许权价值下降时，它们将选择投资于(如房地产等)风险更高、期望收益更大的产业，因此，银行风险约束激励的变化是导致上述现象的重要原因。同时，他们还发现随着特许权价值下降，银行资本与风险的关系将出现由正到负的非线性变化。Ghosh(2009a)对印度银行业的研究也表明，特许权价值与银行风险承担具有负向关系。Jones等(2011)的研究发现，特许权价值随时间推移而逐步下降，这增加了银行的风险承担并导致了次贷危机。Qu等(2014)采用中国上市银行2000—2011年数据的研究显示，特许权价值能促使银行减少风险行为，但隐性担保制度削弱了特许权价值的风险自律效应。

另外，还有部分文献研究了特许权价值与市场约束在抑制银行风险中的交互作用。Ghosh(2009b)的研究发现，特许权价值、市场约束和银行风险承担是相互影响的，特许权价值与市场约束具有非线性关系，市场约束对银行特许权价值具有正向影响。Haq等(2013)的研究显示，特许权价值与市场约束具有正向关系，但在次贷危机前这种关系有所减弱。特许权价值的存在能更有效地发挥存款人或其他投资者对银行风险行为的监督作用。

国内学者对我国银行特许权价值与风险承担的关系也进行了大量研究，并且大多数认为特许权价值具有抑制我国银行风险的自律效应。陆前进(2002)定性分析了特许权价值对抑制银行风险的作用，他指出，银行特许权价值的降低是导致亚洲金融风暴的重要原因。梁缤尹(2005)运用实物期权方法构建自律选择模型的研究表明，银行特许权价值具有抑制银行风险动机的作用，即使缺乏严格的金融监管，高特许权价值的银行为保护经济租金也不会采取过度的风险行为。张玉梅、赵勇(2006)建立理论模型的分析表明，当银行特许权价值低、显性存款保险制度的可信性高、被保险存款占负债总额的比例高时，从隐性存款保险向显性存款保险转变有助于降低银行的道德风险。另外，马理、杨嘉懿(2012)的研究证明，银行特许经营政策虽然本意是促进经济发展，但却会导致存款市场无序竞争、银行套利、无风险投资增加等负面问题。

实证方面，韩立岩、李燕平(2006)采用1999—2004年我国上市银行季度数据的研究发现，特许权价值对银行风险行为具有明显的制约作用，而分散的股权结构和不合理的贷款投向可能会降低特许权价值抑制银行风险的自律效应。许国新、石琴(2009)采用我国上市银行数据的研究也表明，特许权价值与银行风险存在负向关系，银行特许权价值越高，其风险越小，但银行内部的道德风险会影响自律效应的作用效果；特许权价值对风险中介工具也具有显著抑制作用，特许权价值大的银行将通过降低经营杠杆、保持流动性、提高清算价值和资本充足率等方式以维持较高的未来预期收益。孙犇、黄河(2010b)采用2007—2009年我国上市银行季度数据的研究表明，银行特许权价值对反映外部评价的市场风险具有自律效应，但未对表现为内部控制的资本充足率产生显著的作用。彭寿康、戴亭园(2011)的研究显示，无论内生的还是外生的特许权价值与银行风险都具有显著的负向关系，提高内生特许权价值能促使银行增加缓冲资本，但外生特许权价值与银行缓冲资本的关系不显著。曲洪建等（2013a）实证分析了特许权价值、公司治理及其交互作用对银行稳健性的影响，研究表明，特许权价值的自律效应能够提高银行经营的稳健性，并且特许权价值与前十大股东的持股比例、高管持股对银行稳健性的影响相互替代，特许权价值与董事会规模对银行稳健性的影响相互补充。另外，曹廷求等（2010）、文玉春（2011）、龙海明等（2013）采用不同样本数据、不同特许权价值度量方法也得出了特许权价值与银行风险具有负向关系的结论。

虽然大多数文献都认为特许权价值能够激励我国商业银行降低风险承担，但也存在不同的观点。李燕平、韩立岩（2008）基于我国实施隐性存款保险的制度背景，分析了特许权价值与隐性保险的交叉效应对银行风险承担行为的影响，结果表明，国家信用担保的隐性保险削弱了特许权价值对银行风险行为的约束作用，特许权价值的自律效应几乎不存在；隐性保险对我国商业银行的保护与其所有制形式无关，特许权价值对银行风险承担的约束作用不仅对国有银行失效，而且对非国有银行也不显著。而曲洪建、孙明贵（2010）、曲洪建等（2013b）的研究显示，特许权价值存在内生自律效应，特许权价值越高，其对银行风险行为的约束作用越明显，银行经营的稳健性越强；但隐性保险制度削弱了特许权价值对银行稳健经营的促进作用，弱化了银行体系的抗风险能力。另外，周文（2007）研究影响银行风险的各种因素时发现，特许权价值对冒险行为的影响不显著。曹廷求、张光利（2011）以我国 156 家商业银行为样本的研究发现，在没有控制内生性的前提下，银行特许权价值有效地约束了银行风险，而在控制银行风险和特许权价值的内生性后，特许权价值对银行风险的约束效应基本不存在。尚文程等（2012）对市场竞争、特许权价值与银行风险承担关系的研究表明，当特许权价值增加时，银行风险呈先升后降的倒 U 形变化趋势。

（2）对银行特许权价值风险自律效应的质疑

虽然有大量的证据表明特许权价值具有约束银行风险承担的自律效应，但仍有部分文献对这一理论提出质疑。

在《巴塞尔协议》实施的背景下，Allen 和 Rai（1996）从资本的角度分析了特许权价值对银行风险的作用。他们的研究发现，特许权价值与银行资本以及风险的关系取决于特许权价值的来源：若特许权价值来源于银行自身经营的相关因素，那么，银行就会积极提高资本水平、避免过度的风险承担以维持其市场竞争力；若特许权价值来源于政府的金融安全网，银行就会降低资本水平、采取过度的风险行为，导致道德风险问题。

Park（1997）基于存在存款保险制度和银行愿意承担过度风险以最大化其期权价值（即存款保险补贴）的理论分析表明，当银行特许权价值很大时，存款保险补贴在高风险水平下被最大化。因此，当缺乏有效的外部监管时，具有高特许权价值的银行往往会采取冒险的经营策略以获取更多的存款保险补贴，在此情况下，特许权价值与银行风险存在正相关关系。

Saunders 和 Wilson（2001）认为，特许权价值本身来源于银行的高风险经营行为，抑制银行风险将会降低特许权价值。在经济繁荣期，特许权价值反映了银行的成长机会，高特许权价值的银行更容易增资扩股，因此，在经济上行期特许权价值与银行资本规模正相关，而在经济紧缩时期这种关系则恰恰相反。他们的实证结果表明,特许权价值与银行杠杆率的关系对经济周期极为敏感。

Fisher 和 Gueyie(2001)利用加拿大、美国和墨西哥银行业数据的实证结果表明,特许权价值对美国商业银行具有抑制风险的自律作用,但对加拿大和墨西哥商业银行却没有,其原因可能在于这两国政府为商业银行提供了隐性担保。Agusman 等(2006)对 1998—2003 年亚洲银行业的研究发现,特许权价值在抑制银行的杠杆风险、信用风险和流动性风险方面较为有效,但不能减缓其资产组合风险。Terhi(2009)对 1986—2008 年美国银行业的研究显示,银行特许权价值与缓冲资本具有非线性关系,只有当银行特许权价值高于一定程度时,才具有约束风险的自律效应。

与银行特许权价值风险自律效应支持的“竞争-脆弱性”假说相对应,Boyd 和 De Nicolo(2005)发展了 Stiglitz 和 Weiss(1981)关于借款人的风险承担取决于贷款利率的模型,提出了“竞争-稳定性”假说。他们认为,当贷款市场的竞争加剧时,银行将降低贷款价格,这会促使借款人减少风险行为,贷款违约率降低,因此,竞争的加剧能减少银行面临的信用风险。这一观点也得到了较多的经验证据支持(Schaeck et al,2007; De Nicolo et al,2007; Berger et al,2009)。

此外,还有研究表明,特许权价值与银行风险存在非线性关系。Martinez-Miera 和 Repullo(2010)通过引入贷款违约的不完全相关性假设扩展了 Boyd 和 De Nicolo(2005)的模型,他们发现,竞争降低了银行特许权价值,对银行风险具有两个相反的影响:一方面,竞争降低了贷款利率,促使借款人承担更小的风险,降低了银行的破产风险;另一方面,低贷款利率压缩了银行收入,增加了银行的破产风险。在此基础上,Niu(2012)采用美国商业银行 1990—2006 年的数据进一步证实,特许权价值与银行风险承担具有 U 形关系,随着竞争的加剧和银行特许权价值的降低,银行风险呈现出先降后升的变化趋势。

国内外学者从不同角度探讨了特许权价值与银行风险的关系,形成了大量有意义的研究成果。然而,相关研究并没有得出一致的研究结论,其原因可能是理论基础、研究视角以及样本与指标选取等方面存在差异,还可能是缺乏一致的研究范式,特别是缺乏关于银行风险的统一度量。因此,为更深入研究特许权价值对银行风险的作用,需要从经营行为层面剖析银行风险的来源与构成,分析特许权价值通过怎样的途径与方式影响银行的风险承担。

1.2.3 审慎性监管对银行经营效率的影响

对于银行监管的宏观效果,国内外学者从金融稳定、银行业发展等方面进行了大量深入的研究,而微观层面上涉及监管与银行经营绩效关系的研究较少。本书首先梳理资本充足性、流动性和贷款损失准备监管对银行经营行为影响的文献,然后对政府监管与银行效率关系的相关研究进行扼要评述。

(1)资本充足性、流动性和贷款损失准备监管与银行经营行为

资本约束是银行业监管的核心,也是研究银行监管问题的焦点。虽然对于资本监管能否有效遏制银行风险仍具有较大的争议,但理论文献对于它会显著影响银行信贷行为、贷款

利率以及资产负债表结构的观点较为一致(VanHoose,2007)。吴玮(2011)、王擎等(2012)对我国商业银行的实证结果也表明,资本监管促使银行普遍降低了信贷扩张速度,并且资本充足银行持有更多的风险资产,贷款比例较高;而资本不足银行则会减持风险资产,贷款比例下降。此外,Ito 和 Sasaki(2002)、许友传(2011)的研究还发现,对资本充足率的严格要求会促使银行增持各类资本,从而影响了银行的融资决策。

伴随《巴塞尔协议Ⅲ》的出台,流动性监管对银行经营行为的影响引起了理论界的高度关注。Best 和 Sprinzen(2010)认为,流动性监管能显著提升银行的流动性水平,但对流动资产过于苛刻的界定将降低银行在信贷和其他交易活动中的收益率。Pausch(2012)研究发现,只有当银行在银行间市场上是净买入者并且从信贷业务中获得的收益较低时,流动性监管才会使其表现为风险规避者,其他情况下,银行将从事高风险的信贷投放,增加了它在下一期的流动性风险。Neri(2012)进一步指出,流动性监管激励银行增持符合监管要求的流动性资产,不但导致银行盈利能力下降,而且还具有一系列不良的宏观经济后果。

贷款损失准备是银行为补偿信贷预期损失,依据会计准则或监管当局制定的标准计提的准备金,其直接反映了银行对信用风险的覆盖能力。另外,贷款损失准备还会影响银行的信贷行为:Laeven 和 Majnoni(2003)认为,监管要求迫使银行在经济下行期计提较多的损失准备,压缩了贷款供给。Bouvatier 和 Lepetit(2008)的研究也表明,严格的贷款损失准备计提要求放大了银行信贷随经济周期的波动。这也得到了较多的实证支持:Shrieves 和 Dahl(2003)对日本商业银行的研究发现,贷款损失准备与银行贷款增长速度呈负相关。段军山等(2011)对我国商业银行的研究也得到类似的结论。

(2)政府监管与银行效率

鉴于经营效率能较为全面地反映银行的资产配置效果和经营管理能力,近年来,部分学者开始从银行效率的角度研究政府监管对银行经营行为的影响,其中最具代表的是 Pasiouras(2008、2009)、Chortareas 等(2012)、Barth 等(2013)、Gaganis 和 Pasiouras(2013)、Alam(2013)等,他们基于跨国数据对资本充足性要求、监管机构势力、市场约束以及对银行资产组合限制等监管机制与银行效率关系进行了较为全面和系统的研究。这些研究虽然对于判断哪些监管方式更有利于增进银行效率具有参考意义,但缺乏对如何设定各项监管指标的深入探讨。

关于监管指标与银行效率关系的研究则主要散见于讨论银行效率决定因素的文献中,但这些研究主要说明了作用方向而没有涉及对影响程度的分析,并且相关研究也没有得出一致结论。以对我国商业银行的典型研究为例:Ariff 和 Can(2008)研究发现,提高资本充足率抑制了银行效率;而赵永乐、王均坦(2008)的研究显示,资本充足率能显著提升银行效率;但孙秀峰、迟国泰(2010)的研究却表明,该指标并未对银行效率构成显著影响。这种情况同样存在于其他指标,比如,对贷款拨备率,Jiang 等(2009)的研究发现,该比率与银行效率具有正向关系;袁晓玲、张宝山(2009)的研究则显示,该指标与银行生产率不存在明显的关系;而张健华、王鹏(2010)的研究却表明,该比率与银行生产率显著负相关。这些研究之所以会得出相异的结论,可能是因为监管指标与银行效率具有非线性关系,不同监管指标水平对银行效率的影响程度乃至作用方向存在差异。

Li 和 Wang(2012)利用改进的 Kopecky 和 Vanhoose(2004)模型分析得出,资本充足率和法定存款准备金率与银行效率均存在非线性关系,数值拟合也较好地验证了这一结论。在此基础上,李勇、王满仓(2012)采用 1998—2010 年我国 14 家商业银行的数据和门限回归进一步证实了这种非线性性。他们的研究与本文相近,但从银行监管的角度,只涉及了资本充足率这一项指标。另外,Lee 和 Chih(2013)运用 Tobit 回归研究了各项监管指标与银行效率的关系,但缺乏对影响程度的深入探讨。

综上所述,现有文献对于资本充足性、流动性和贷款损失准备等监管措施会对银行经营行为和经营效率构成怎样的影响仍具有较大的争议,其焦点集中在这些监管措施是否有效控制了银行风险,是否制约了银行的持续发展,即政府监管对银行经营管理的综合影响究竟如何。

1.2.4 研究文献总结

国外对银行特许权价值的研究较为系统,分别从银行特许权价值来源、构成、影响因素,以及特许权价值与银行风险承担或其他经营管理行为的关系等方面进行了深入的分析,而国内的研究目前主要集中于介绍银行特许权价值概念与计算方式或实证分析特许权价值对银行风险行为的影响,鲜有关于银行特许权价值的全面、系统研究,特别是缺乏关于银行特许权对资金价格的影响、银行经营效率与特许权价值的关系等内容的深入探讨。同时,现有文献均将银行特许权价值视为一个"抽象的整体",忽略了特许权为银行创造价值的过程,也未能说明提高特许权价值能激励银行采取怎样的方式降低风险承担,这不利于我们全面认识银行的特许权价值。另外,虽然国内外文献从银行经营行为、资产配置效率等层面对政府监管的实施效果进行了大量的研究,但缺乏关于如何设定监管标准以有效平衡银行经营的风险性与效率性的探讨,同时也没有结合银行特许权价值问题综合考量过度监管直接降低的银行风险与其导致银行经营效率损失而间接增加的银行风险。

本书将在现有文献的基础上,结合我国银行业特许经营制度和商业银行经营管理实践,阐释银行特许权的内涵和构成,分析银行特许权价值形成原理,探讨银行特许权对贷款价格的影响、特许权价值促使银行控制风险的作用路径、经营效率与银行特许权价值的关系,并进一步研究法制环境、股权结构、审慎性监管等因素对银行经营效率的影响。

1.3 研究内容与研究方法

1.3.1 研究内容

本书回顾现有文献的基础上,首先分析银行特许权的内涵和特许权价值的来源,然后研究银行特许权对资金价格的影响,以及特许权价值与银行风险承担的关系,最后探讨经营效

率在银行特许权价值形成中的作用。具体而言,本书包括以下内容:

第 1 章绪论。介绍本书的研究背景,对国内外有关银行特许权价值和银行经营效率的文献进行归纳、梳理与评述,说明本书的研究内容、研究方法、研究意义和研究特色。

第 2 章银行特许权的构成与特许权价值的来源。在现有文献的基础上,结合我国银行业的经营制度,进一步分析银行特许权的内涵、银行特许权价值的形成原理,说明我国银行业规制体制变迁和特许经营条件的现状与变化趋势。

第 3 章银行特许权对贷款价格的影响。建立讨价还价博弈模型理论分析银行特许权对贷款价格谈判的影响,发现特许经营条件和优势使银行具有更低的谈判成本,表现出较强的议价能力,使谈判达成较高的交易价格。鉴于此,在分析贷款价格形成过程的基础上,采用双边随机边界模型和 2005—2013 年我国银行业的数据,实证测度银行凭借特许权形成的议价能力大小及其对贷款价格的影响程度,并分析银行业市场结构改革背景下借贷双方议价能力的变化趋势。

第 4 章银行特许权价值的风险自律效应。首先,借鉴状态偏好模型和期权模型的思路,从理论层面分析隐性存款保险制度下银行的道德风险和特许权价值对银行风险的自律效应。然后,以 Z 值度量银行风险,并将其分解为经营不确定性与风险覆盖能力、杠杆风险与资产组合风险,建立动态面板模型,采用 2003—2013 年我国上市银行的数据和系统广义矩估计(GMM)方法,实证研究特许权价值对银行各类风险的影响,探讨银行特许权价值风险自律效应的作用机理与路径。

第 5 章银行经营效率与特许权价值的关系。首先,采用个体效应随机边界分析方法估计 2003—2013 年我国上市银行的技术效率,计算技术效率变化、技术进步、规模效率变化以及广义 Malmquist 全要素生产率指数,并将其作为银行经营效率的度量指标。然后,建立面板数据模型并采用广义最小二乘法(GLS)分析银行经营效率对特许权价值的影响,研究银行利用特许经营条件和优势创造价值的能力与银行特许权价值的关系,探讨金融改革背景下银行提高特许权价值的途径与方式。

第 6 章法制环境、股权结构对银行经营效率的影响。首先,提出关于股权结构、法制环境与银行经营效率关系的研究假设。然后,采用随机边界分析方法计算 2004—2015 年我国城市商业银行的广义 Malmquist 全要素生产率指数,并以其度量银行经营效率。最后,建立回归模型并采用 Bookstrapa 方法,研究股权结构、法制环境对银行经营效率的影响,验证上述研究假设。

第 7 章审慎性监管与银行经营效率的关系。首先,采用异方差随机边界模型计算 2003—2012 年我国商业银行的成本效率和利润效率,并将其作为银行经营效率的度量指标,研究资本充足率、流动性和贷款损失准备 3 类审慎性监管指标对银行经营效率的影响。然后,计算这些监管指标对银行经营效率的边际效应,并采用 Bookstrapa 方法和非线性拟合研究这些监管指标与银行经营效率的非线性关系。

第 8 章研究结论与政策建议。总结本书的研究工作,有针对性地提出政策建议,并指出本研究的不足和未来深入研究需重点关注的问题。

1.3.2 研究方法

本书采用理论分析与实证检验、定性分析与定量研究相结合的方法,研究我国银行特许权价值及银行经营效率的相关问题。

(1)理论分析方法

①结合现有文献和我国银行业的特点,阐述银行特许权的内涵与构成,剖析特许权为银行创造价值的过程,说明特许权与特许权价值的关系。

②建立讨价还价博弈模型,分析银行凭借特许权形成的议价优势对贷款价格谈判的影响,说明银行特许权在资金价格形成中的作用。

③借鉴研究银行特许权价值与风险关系的状态偏好模型和期权模型,建立理论模型分析隐性存款保险制度下银行的道德风险,以及特许权价值对银行风险的自律效应。

④基于现有的文献,理论分析股权结构对法制环境与银行经营效率关系的调节作用。

(2)实证研究方法

在理论分析基础上,基于我国商业银行的数据:

①采用双边随机边界模型估算贷款价格形成过程中借贷双方的议价能力大小,分析银行特许权对贷款价格的影响程度。

②对银行风险进行分解,建立动态面板数据模型并采用系统广义矩估计方法分析特许权价值与银行各类风险的关系,说明特许权价值影响银行风险承担的路径与方式。

③采用个体效应随机边界模型更准确地测算我国商业银行效率,在此基础上,计算技术效率变化、技术进步、规模效率变化以及广义 Malmquist 全要素生产率指数,然后建立回归模型分析它们与银行特许权价值的关系,说明经营效率在银行特许权价值形成中的作用。

④采用随机边界模型计算银行广义 Malmquist 全要素生产率指数,建立回归模型研究法制环境、股权结构对银行经营效率的影响,采用 Bookstrap 法研究股权结构对法制环境与银行经营效率关系的调节作用。

⑤采用异方差随机边界模型研究主要审慎性监管指标对银行经营效率的影响,采用 Bookstrap 法和非线性拟合研究这些监管指标与银行经营效率的非线性关系。

1.4 研究意义与研究特色

1.4.1 研究意义

(1)理论意义

1)研究了特许权为银行创造价值的过程

特许权价值本质上是银行因获准经营资金借贷等特殊业务而取得的经济租金,是银行通过具体的业务活动创造的价值。因此，有必要从经营活动层面深入剖析特许权为银行创造价值的具体过程。然而，现有文献均将特许权价值视为一个“抽象的整体”，研究其决定因素或与银行风险的关系，缺乏关于银行如何利用特许权获取超额收益的探讨。本书从贷款定价的角度研究特许权为银行创造价值的过程，发现银行凭借特许权赋予的经营条件和优势形成较借款人更强的议价能力，迫使借款人接受较高的贷款价格，从中获取超额收益。深入剖析银行利用特许权创造价值的过程，有助于打开特许权价值的“黑箱”，全面认识特许权在银行经营发展中的作用。

2）丰富了银行特许权价值的风险自律效应理论

风险自律效应理论认为，银行为避免破产而丧失特许权价值，将进行积极的风险管理，采取较为谨慎的经营策略，降低风险承担（Marcus，1984；Keeley，1990）。虽然大量文献从理论和实证层面证实了该理论，但未能说明提高特许权价值能激励银行采取怎样的风险管理策略，没有探讨特许权价值具有约束银行哪类风险的自律效应。本书将银行破产风险纵向分解为经营不确定性与风险覆盖能力，横向分解为资产组合风险与杠杆风险，研究银行特许权价值与它们的关系。发现提高特许权价值虽然未能激励银行增强经营的稳定性，但能有效促使其提升风险覆盖能力，降低资产组合风险和杠杆风险。深入分析特许权价值影响银行风险的路径与方式，丰富了银行特许权价值的风险自律效应理论。

3）拓展了关于银行特许权价值来源的研究

现有研究认为，银行特许权主要体现为银行具有竞争限制、杠杆经营、利率管制等政策优势，以及能在规模经济、信息资源、市场声誉等方面形成经营优势，这也是银行特许权价值的来源（Demsetz et al，1996）。然而，这些优势只是银行经营面临的客观、外在条件，将这些条件转化为特许权价值还需要银行具有较强的资源配置能力。本书在分析银行特许权的构成和特许权价值来源的基础上，研究银行资源配置效率与银行特许权价值的关系。发现银行经营效率越高，利用特许权创造价值的能力越强，其特许权价值就越高；另外，银行将特许经营条件和优势转化为经营效益的能力主要表现为资源整合能力和规模化经营能力。深入剖析银行特许权价值，探讨经营效率与银行特许权价值的关系，拓展了关于银行特许权价值来源的研究。

4）丰富了关于银行经营效率研究的文献

虽然大量文献研究了外部环境对银行经营效率的影响，但缺乏对其作用机理的深入探讨。另外，虽然部分文献研究了政府监管与银行经营效率的关系，但没有进一步说明怎样的监管水平能促进银行经营效率的提升。本书在现有文献的基础上，将股权结构纳入法制环境与银行经营效率的研究框架中，研究外部环境、内部条件对银行经营效率的交互影响。同时计算监管指标对银行经营效率的边际影响，研究监管要求与银行经营效率的非线性关系。这可为银行经营效率的相关研究提供借鉴。

（2）实践意义

1）测度了我国商业银行的议价能力大小及其对贷款价格的影响程度

当前企业融资贵是我国实体经济发展面临的主要困难，银行因特许经营而具有垄断地位和经营优势,被认为是推高企业融资成本的重要原因。另外,随着利率管制的放开和银行业改革的深入,银行与企业以谈判协商的方式确定贷款价格是必然趋势,借贷方议价能力在贷款定价中的作用将更加突出。本书分析了利率市场化条件下贷款价格的形成机制,并测度了银行和企业的议价能力大小,估算了银行特许权对贷款价格的影响程度。这对于客观评价银行特许权在贷款定价中的作用,正确认识借贷双方在贷款价格形成过程中的不对称地位,积极培育资金价格的市场形成机制都具有一定的意义。

2)分析了市场化改革背景下我国银行特许权价值与风险的关系

随着改革的深入和竞争的加剧,商业银行面临的经营环境将更加复杂,经营不确定性增加,经营风险加大。这不仅需要监管当局强化监管要求,督促商业银行减少风险行为,更需要商业银行在经营过程中采取有效的风险管理策略,主动控制各类风险。虽然银行特许权会一定程度地导致资金价格过高,降低了社会经济效率,但本书对我国银行特许权价值与风险关系的研究发现,提高特许权价值能促使银行有效增强经营稳健性,降低资产组合风险和杠杆风险,激励其通过优化资产组合、提高资本充足性等方式增强对风险的抵御和覆盖能力。这对于充分认识控制银行风险的内在机制,进一步激发银行降低风险承担的主观能动性都具有参考意义。

3)探讨了银行提高特许权价值的途径

鉴于特许权价值对促使银行主动控制风险具有重要作用,有必要适度提高银行的特许权价值以激励其进行积极的风险管理,保持经营的稳健性。然而,随着改革的深入,银行特许经营条件逐步淡化,直接来源于金融管制因素的特许权价值将逐渐缩小。在此背景下,探寻银行提高特许权价值的途径显得尤为迫切。本书分析了经营效率与银行特许权价值的关系,发现银行有效利用特许经营条件和优势,增强特许权向经营效益的转化能力,特别是优化投入产出组合、扩大经营规模,能显著提高特许权价值。这对于深化金融改革,有效发挥银行特许权价值的风险自律效应具有重要的意义。

4)研究了提升银行经营效率的方式

对银行特许权价值的研究发现,提高银行经营效率具有提升银行经营发展能力和促使银行增强经营稳健性的"双重功效"。本书重点从法制环境、股权结构、审慎性监管3个方面探究银行经营效率的影响因素。研究发现,建立与外部环境相适应的内部决策机制、保持适度的监管要求是提高银行经营效率的有效方式,这对于进一步增强银行经营的稳健性和效率性具有参考意义。另外,本书的研究还发现,审慎性监管在直接降低银行风险的同时,可能会抑制银行经营效率、降低银行特许权价值、弱化银行特许权价值的风险自律效应,从而间接增加银行风险,这对科学、合理制定监管政策具有参考价值。

1.4.2 本书的特色

本书的特色主要体现在以下几个方面:

(1)研究银行特许权对贷款价格的影响

随着改革的深入,银行与借款人以谈判协商的方式确定贷款价格是必然趋势,借贷方的议价能力在贷款价格形成中的作用将更加突出。然而,现有文献大多基于贷款的金融产品属性或银行的金融中介属性讨论贷款定价问题,忽略了贷款的一般商品属性,缺乏从市场主体谈判议价的角度研究贷款价格形成机理,尤其是缺乏关于银行凭借特许经营条件和优势形成的议价能力大小及其对贷款价格影响程度的探讨。

本书建立讨价还价博弈模型分析利率市场化条件下贷款价格的形成机制,研究银行特许权对贷款价格谈判的影响,并采用双边随机边界模型估计借贷双方的议价能力大小,测算银行特许权对贷款价格的影响程度。研究发现,谈判议价因素对贷款价格具有重要的影响,特许经营条件和优势使银行具有较借款人更低的谈判成本,表现出较强的讨价还价能力,并使谈判达成较高的交易价格。

(2)研究银行经营效率与特许权价值的关系

银行业是管理密集型行业,高效利用内外部条件、合理配置资源的银行能创造更多的价值。同时,特许权仅为银行提供了市场垄断、隐性担保、价格管制、高杠杆经营以及商誉等外在的经营条件与优势,而利用这些条件和优势创造价值的多寡则取决于银行的资源配置能力。然而,现有的文献大多基于特许权形成的经营条件和优势,研究银行特许权价值的来源、构成及影响因素,忽略了银行业的经营管理特性,缺乏关于银行利用特许经营条件和优势的效率与特许权价值关系的探讨。另外,测度我国银行效率的现有文献大多采用一般随机边界法,将不可观测的银行个体异质性混同于生产无效率,这可能会导致对效率估计的偏误。

本书结合我国银行业经营制度,分析银行特许权的构成和特许权价值的来源,并采用个体效应与无效率项分离的随机边界模型测算银行效率,在此基础上计算技术效率变化、技术进步、规模效率变化以及广义 Malmquist 全要素生产率指数,将其作为银行资源配置能力的度量指标,探讨它们与银行特许权价值的关系。研究发现,样本期我国银行效率相对较高且呈逐年改善趋势;银行经营效率越高,将特许经营条件和优势转化为经营效益的能力越强,其特许权价值就越高;银行利用特许权创造价值的能力主要表现为资产组合能力和规模化经营能力,技术进步的作用较为有限。

(3)研究特许权价值影响银行风险的路径与方式

虽然大量文献讨论了特许权价值与银行风险的关系,但并没有形成统一的研究范式,忽略了银行风险的构成、来源与种类,特别是缺乏关于提高特许权价值会激励银行采取怎样的策略和方式降低风险承担的分析,这不利于正确认识特许权价值在抑制银行风险中的具体作用。

本书采用常用的 Z 值度量银行风险,并将其分解为经营不确定性与风险覆盖能力、资产组合风险与杠杆风险,建立动态面板模型并采用系统广义矩估计方法分析银行特许权价值与各类风险的关系。研究发现,提高特许权价值未能激励银行有效降低经营的不确定性,但能促使其显著增强对风险的覆盖能力;特许权价值越高的银行,将越有动力通过强化经营管理、减少非理性扩张等方式降低风险承担。

(4)研究股权结构对法制环境与银行经营效率关系的调节作用

外部环境对银行经营行为的影响一般须通过其内部决策机制得以实现。近年来,虽然大量文献对外部环境与银行资产配置的关系进行了研究,但忽略了其作用机理与实现路径,尤其是缺乏关于外部经营环境、内部经营条件对银行资产配置效率的交互影响的探讨。

本书理论分析股权结构对法制环境与银行经营效率关系的调节作用,并在此基础上,实证研究不同股权结构下法制环境与银行经营效率关系的差异。研究发现,法制环境对银行经营效率的影响因股权结构而异,较高的法制水平和市场化程度有助于非国有股东控股银行经营效率的改善,却阻碍了国有股东控股银行经营效率的提升。

(5)研究审慎性监管与银行经营效率的非线性关系

从本质上讲,银行监管是监管当局强制要求商业银行按其规定的方式或标准配置资源以降低风险承担。虽然大量文献研究了各项监管措施的实施效果,但没有深入探讨它们对银行经营效率的影响,这不利于我们深入了解这些监管措施是否有效平衡了银行风险,降低与银行资源配置扭曲之间的关系。

本书计算资本充足性、流动性、贷存比和拨备覆盖率 3 类监管指标对银行经营效率的边际影响,探究我国现行的主要审慎性监管指标与银行经营效率的非线性关系。研究发现,资本充足性指标对银行经营效率的促进作用具有边际递减性;流动性比率对银行成本效率的抑制作用具有边际递增性;贷存比和拨备覆盖率对银行经营效率的影响具有非单调性。

第 2 章　银行特许权的构成与特许权价值的来源

2.1 引　言

银行特许权价值本质上是特许权为银行创造的价值或银行利用特许权形成的价值,其取决于特许权和银行的价值创造能力。特许权是政府授予银行经营资金存贷等特殊业务的权利,但对于价值创造而言,特许权实质为银行业管制制度赋予的经营条件和银行产业属性形成的经营优势。同时,虽然各国对银行业均实行特许经营制度,但由于经济发展水平和金融发达程度的差异,各国的银行特许经营条件不同。因此,为正确认识我国银行的特许权价值,需要从特许经营制度入手深入剖析银行特许权价值的形成原理。本章首先阐述银行特许经营制度和银行特许权的构成,在此基础上分析了银行特许权价值的来源,最后回顾我国银行业发展历程并描述我国银行业特许经营条件的现状与发展趋势。

2.2 银行特许权

银行特许权是权利当局赋予经营实体从事银行类业务的权力和资格,根源于银行业的特许经营制度。特许经营制度实质上是政府在制度层面为银行业设定的行业进入门槛,取得特许权不仅意味着银行进入该行业而能够经营"货币买卖"等特殊业务,而且意味着其可以获得行业规制给予的经营条件和行业特性形成的经营优势。

2.2.1 银行特许经营制度

特许经营(Franchising)是指政府为便于对特定产业进行控制和管理,通过设定特殊的经营条件或(和)采取批准授权的方式允许经营实体开展业务活动的一种制度安排。特许经营通过政府权力限定经营者资格或(和)设置经营条件,是公共交通、环境卫生等公用事业和通信、能源、新闻出版等特殊行业广泛采用的经营模式。

特许经营是银行业的一项基本经营制度。作为现代金融体系的核心,银行具有信用创造、资金疏导、金融服务等多种功能,为国民经济各部门的生产经营活动筹集和分配资金,是国家实施宏观调控的重要手段。同时,银行以货币资金为经营对象,以负债作为支付手段,因经营活动受客户信用、市场利率、宏观环境等多种因素的影响而具有较大的风险。另外,作为社会经济活动的纽带,银行业风险具有极高的传染性,其风险的聚集和暴露不但会导致一国经济动荡,甚至可能会演变成区域性或全球性的金融危机。鉴于银行功能的重要性、高风险的特殊性和危机的全局性,各国对银行的经营活动均进行了特殊的制度安排,不仅开办设立需取得权利当局的许可批准,而且经营管理行为还需满足特定的监管要求。

我国的《商业银行法》《银行业监督管理法》《中资商业银行行政许可事项实施办法》以及人民银行、银监会颁布的各项规定构成了我国银行业的特许经营制度,这些法律规章对商业银行的设立条件、经营范围、业务标准均进行了详细具体的规定,主要包括:

(1)开办设立条件

《中华人民共和国商业银行法》规定:"设立商业银行,应当经国务院银行业监督管理机构审查批准。"《中国银行业监督管理委员会行政许可实施程序规定》《中国银监会中资商业银行行政许可事项实施办法》进一步从机构设立、机构变更、机构终止、调整业务范围和增加业务品种、董事和高级管理人员任职资格等方面对银行的开办设立条件进行了严格、细致的规定。

银行业开办设立的审查批准制度使监管当局可根据宏观经济状况和金融发展需要,采取设定较高的经营条件、限制发放经营许可证等行政手段控制银行数量,保持适度的银行业市场结构,维持合理的银行业金融生态,这有助于保障银行业的稳健运行和持续健康发展,并有效发挥银行对实体经济的支持作用。同时,这也形成了较高的行业进入门槛,限制了一般经济实体开展经营银行业务,并限制了银行业的市场竞争,为商业银行垄断势力的形成提供了制度保障。

(2)监管要求

为维护银行体系的稳健运行,保护投资者的利益,监管当局对商业银行设定了严格的监管标准。例如,《商业银行资本管理办法》规定:"商业银行核心一级资本充足率不得低于5%,一级资本充足率不得低于6%,资本充足率不得低于8%。"对于未达到监管要求的商业银行,监管当局可采取"责令商业银行停办一切高风险资产业务,限制或禁止商业银行增设新机构、开办新业务,责令商业银行调整董事、高级管理人员或限制其权利"等监管惩罚措施,甚至可以"依法对商业银行实行接管或者促成机构重组,直至予以撤销"。

严格的监管要求有利于促使商业银行采取审慎的经营策略,进行积极的风险管理以有效降低风险承担。银行监管实质是政府以制度的形式设置银行业的经营标准和业务规范,并通过行政权力强制执行。从这个意义上讲,监管规定是银行业经营条件的重要内容,监管要求越严,银行业的经营条件越高,越能排斥更多的潜在经营者,在位银行的市场势力越大。以此而论,监管要求也是银行业的进入门槛,它与开办设立条件共同构成了银行获得特许权的前提。

(3)经营业务限定

在分业经营制度下,银行、证券、保险等金融行业都具有特定的业务边界。《商业银行法》及其他相关法规对银行的业务范围进行了严格的限定,例如,资金借贷、货币结算、票据贴现、银行卡等业务必须由商业银行办理。同时,《商业银行法》还规定:"未经国务院银行业监督管理机构批准,任何单位和个人不得开展吸收公众存款等商业银行业务,任何单位不得在名称中使用'银行'字样。"

业务限定从制度层面为商业银行的经营活动提供了极大的市场空间,也为其持续发展创造了相对稳定的环境,并有助于避免竞争摩擦和金融风险的传染。从本质上讲,业务限定是国家赋予银行的经营专属权保护,具有很强的排斥性和权威性,银行取得特许权意味着其具有经营各类银行业务的资格,因此,业务限定是银行特许权形成的根源。

2.2.2　银行特许权的构成

综合上述对银行特许经营制度的分析,银行特许权可直观表述为:银行满足特定的开办设立条件和监管要求,并经政府批准许可而获得的从事银行类业务的资格和权利。

银行业是受政府高度管制的行业,监管当局为保障其稳健运行和持续发展,并更好地发挥其对实体经济的支持作用,通过行政手段限制市场竞争、管制资金价格,这为银行经营创造了良好的条件;同时,银行业是具有特殊功能的行业,银行本身就具有较潜在竞争者更多的经营优势。因此,银行取得经营资格不仅意味着其具有从事银行类业务的权利,而且意味着它可以获得行业规制赋予的经营条件和行业特性形成的经营优势,这些条件和优势能为银行创造价值,构成了银行特许权的核心内容。

(1)特许经营条件

我国银行业的经营制度为商业银行开展业务活动创造了有利的条件,主要包括以下几个方面:

1)垄断势力

监管当局掌握设置银行业进入门槛的权利,可根据经济发展和监管需要采取设定较高的开办经营条件、限制发放许可证等方式控制银行数量,以避免过度竞争导致银行经营风险增加,并保持适度的资金价格以有效服务实体经济。严格的牌照管理使银行业形成了集中度较高的市场结构,为在位银行创造了不完全竞争的经营环境。

为缓解银行业内部的结构性矛盾并提高金融服务效率,监管当局还采取了经营范围限制、地域扩张限制等竞争限制措施进一步划分行业内的经营业务和客户群体,例如,对经营政策性业务与商业性业务的银行区别管理,对服务于工商企业和城市居民与面向农业生产和农村居民的银行分类管理。竞争限制使各类银行拥有较为稳定的客户群体和势力范围，并可形成对特定市场资源的垄断。

牌照管理和竞争限制赋予了银行较强的市场势力，这是取得经营资格后金融制度为银行创造的重要特许经营条件。

2）收入保障

与大多数国家不同，我国对资金价格实行严格的管制，人民银行根据宏观经济形势设定基准利率，并限定利率的浮动区间，商业银行以此为参照和标准制定资金价格。利率管制虽然使银行失去了定价自主权并可能导致资源配置效率低下，但也为银行创造了较大的利差空间，同时降低了其定价成本和经营不确定性，使银行经营存贷业务就能够获得持续稳定的"保障性收入"。

3）政府担保

由于历史和体制原因，加之金融发展滞后，我国对银行业实行隐性存款保险制度（Implicit Deposit Insurance System），政府以国家信用为商业银行的债务提供担保，并兜底其经营损失。隐性保险制度不仅使银行能够免费获得存款保险，而且能将经营风险转嫁给政府，减少了经营管理成本，这相当于使银行获得了类似于财政补贴的潜在价值。另外，政府担保还增加了市场对银行的认可和信赖程度，能获得更大的商誉优势。

（2）特许经营优势

产业属性和功能特点使商业银行在以下几个方面较交易对手或潜在竞争者具有经营优势：

1）信息渠道

信用中介和支付中介是银行的基本功能，商业银行链接资金供给者与需求者，并为企事业单位和个人提供货币保管、代理支付等业务，在经营过程中积累了大量的信息资源，并能与客户建立长期稳定的关系。同时，银行资产的专用性也使其更容易搜集和处理信息。因此，银行较其他金融服务提供者具有更广阔的信息渠道，能获得更多的信息资源，在"大数据"时代，这些信息资源能使银行具有更强的竞争能力。

2）市场声誉

银行的行业属性决定了其具有良好的市场声誉。银行业的历史沉淀使"银行"本身就意味着雄厚的资金、专业化的管理、高效的运营、规范的操作以及诚信和安全。同时，除政府设定的经营条件和监管要求外，行业自律性组织对商业银行的服务规范、办公条件、员工素质等也设定了严格的标准，银行在达到这些标准和要求的同时，也获得了更多的市场声誉。

3）规模经济

大量研究表明，银行业具有明显的规模经济（Cavallo et al，2001；孙秀峰 等，2005；邹新月 等，2009），经营规模越大，越能利用特许经营条件和优势获得更多的经营收益（Demsetz et al，1996）。另外，银行业的产业特性决定了商业银行能够以较少的自有资本进行大规模的经营活动，高杠杆经营使银行能快速形成较大的业务规模，获得更多的市场资源，充分发挥规模经济优势。

2.3　银行特许权价值

2.3.1　银行特许权价值的来源

现有文献认为,银行特许权价值由市场相关因素和银行相关因素两方面决定。其中,市场相关因素即为银行业的市场结构,取决于政府对银行的牌照管理和竞争限制政策;银行相关因素主要是指银行在高杠杆经营、信息资源、交易成本以及市场声誉等方面具有经营优势,取决于银行自身的经营管理能力(Demsetz et al,1996; Furlong et al,2006; Jones et al,2011;马晓军 等,2007;曲洪建,2011)。

由上述对银行特许权的分析可知,银行业特许经营制度设置了行业进入壁垒,取得经营资格表明经营者具有从事银行类业务的权利,意味着其已进入该行业从而能够获得银行业特有的经营条件和经营优势,它们构成了银行特许权。同时,这些经营条件和优势虽与银行的经营行为相关,但本质上根源于政府对银行的经营制度安排和银行业自身的功能属性,属于客观、外在因素;换言之,经营者只要获得特许权、进入该行业就会具有这些条件和优势。另一方面,外在的银行特许权不会自动产生收益,它必须经过银行的经营管理活动才能创造价值。以此而论,银行的特许权价值来源于银行因具有经营银行类业务的权力而获得的经营条件和经营优势,与银行利用这些条件和优势创造价值的能力。

(1)银行特许权

取得经营资格是银行获取特许权价值的前提,行业规制赋予银行的经营条件和行业特性为银行创造的经营优势是银行特许权价值形成的基础。银行的市场势力越大、收入保障越高、受政府的担保越充分或在市场声誉、信息资源、规模经济等方面的优势越明显,银行的特许权价值就越高。

(2)银行的价值创造能力

特许权价值并非特许权直接赋予银行的超额收益,它依附于银行的资源配置行为,必须通过银行的经营管理活动才能产生价值。在相同的经营环境中,银行的经营管理能力越强,越能够利用特许经营条件、发挥特许经营优势以获得更多的经济租金,银行特许权价值越大。

综上所述,银行特许权价值可表述为:银行在经营活动中利用特许权赋予的经营条件和优势创造的价值。

2.3.2　银行特许权价值的形成原理

由以上分析可知,银行特许权价值根源于政府对银行业特殊的经营制度安排。在特许经营制度下,经营者首先取得监管当局的许可并达到经营要求以进入银行业,从而获得该行业特有的经营条件和优势,然后在经营活动中利用这些条件和优势创造价值。因此,银行特许权价值的形成过程实质上是银行取得经营资格并开展业务活动以获取经济租金的过程。银行特许权价值的形成过程如图 2.1 所示。

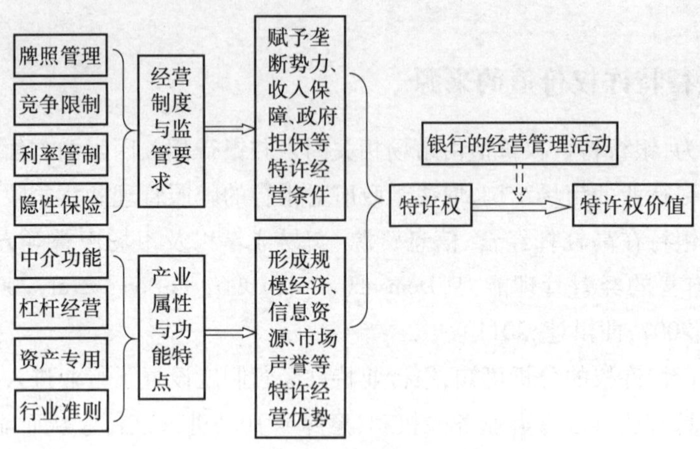

图 2.1　银行特许权价值的形成过程

2.4　我国银行特许经营情况

行业管制不仅设置了银行业的进入壁垒,而且直接决定了银行的特许经营条件,因此,银行特许权及特许权价值的大小因各国银行业的经营体制和行业规制而异。为更好地理解我国的银行特许权价值,本节简要介绍我国银行业的特许经营情况。

2.4.1　我国银行业体制规制变迁

1978 年以前,我国基本上是“大一统”的国家金融体系和高度计划的银行经营体制,金融机构仅有中国人民银行一家,银行行为是行政指令性的。中国人民银行同时具有中央银行、政策性银行和商业银行的功能,既行使中央银行职能,又办理对企事业单位和城乡居民的存、贷款业务。在这种高度集中的、大一统的单一国家银行体制下,规制者同时也是被规制者,既没有明确的银行规制法律法规,也没有明确的银行规制实施对象(刘明康,2009),因而也就不存在现代意义的银行规制。

1978 年 12 月,中国共产党十一届三中全会作出了把全党工作重点转移到社会主义现代化建设上来的战略决策,我国拉开了改革开放的帷幕。伴随着金融领域改革和开放的深入,我国银行业经营体制逐渐明确,行业规制逐步形成并发展起来。总体而言,我国银行业的规制大体经历了以中国人民银行为实施主体的形成阶段和以中国银监会为实施主体的发展阶段。

(1)以中国人民银行为主体的银行规制体系形成阶段(1978—2002 年)

随着改革开放的深入,我国银行业市场化的经营体制逐步确立,银行业的管理和经营主体逐渐明确,中国人民银行在全国人大和国务院的领导下制定并监督实施银行业规制。这一阶段又可进一步分为以下 3 个时期:

1)银行业体系和行业规制初步形成时期(1978—1992 年)

十一届三中全会以来,我国的金融体制改革使银行业的经营管理体系发生了质的变化。1979 年,中国农业银行和中国银行从中国人民银行中分离出来,打破了我国银行业“大一统”的格局。随后,中国工商银行和中国建设银行陆续成立,中国人民银行的商业性业务基本被剥离,我国逐步形成了以中央银行为核心、以专业银行为主体的银行业金融体系(刘明康,2009)。在推进银行业组织构架改革的同时,我国银行业金融领域也逐步对外开放,1981 年已有 31 家国外金融机构在中国内地设立了代表处。

随着中国金融改革和开放的开展,建立金融监管体系显得尤为迫切。为此,1982 年中国人民银行设立了金融机构管理司,专门负责制定并监督实施金融机构管理制度,审批金融机构的设立、撤并等事务;1983 年 9 月,国务院发布《关于中国人民银行专门行使中央银行职能的决定》,从制度上明确了“中国人民银行是领导和管理全国金融事业的国家机关”;1986 年 1 月,国务院颁布了《中华人民共和国银行管理暂行条例》,这是我国第一个关于银行业规制的行政法规,其规定“由中国人民银行负责审查批准专业银行和其他金融机构的设立与撤销,并领导、协调、监督、管理、稽核专业银行和其他金融机构的经营业务”,明确了中国人民银行对银行业的监督管理职责。

这一时期是中国人民银行作为国家机关专门行使银行业规制职能的初期,虽然有了明确的被规制对象,但与规制主体的关系仍然模糊,同时,规制的重心是督促银行强化信贷资金管理,规制的目标是监督落实国家的宏观调控、保证货币政策的有效实施,规制的手段是人民银行对专业银行和其他金融机构下达行政命令。因此,这一时期的银行业规制实质上是政府基于银行的支付中介职能实施宏观调控的方式,基本没有确立以防控银行风险、促使银行业稳健运行的规制内容与目标,也没有系统的法律制度来规范规制主体的权力、保障被规制对象的利益。另外,这一时期由于各专业银行的风险管理机制尚未建立,风险意识淡薄,加之人民银行专业化的规制能力尚未形成,我国金融领域出现了争夺资金、信贷规模失控甚至违法设立金融机构等诸多问题,严重扰乱了经济秩序。

2)银行业经营体制确立和银行规制规范发展时期(1993—1997 年)

银行业金融秩序的混乱不但危及金融系统的安全,而且影响我国经济改革的进行和社会的稳定,在此背景下,1993 年国务院提出整顿金融秩序,建立以中国人民银行为核心的金融宏观调控与监管体系,强化人民银行的规制职能。这一时期,我国加快了银行监管的法律法规建设。1993 年 12 月,《国务院关于金融体制改革的决定》进一步明确了中国人民银行“制定并实施货币政策,保持货币的稳定;对金融机构实行严格的监督管理,维护金融体系安全和有效地运行”的主要职能。1994—1995 年,陆续颁布实施的《外资金融机构管理条例》《金融机构管理规定》《商业银行法》《中国人民银行法》《担保法》《票据法》等金融法规使我国银行规制和银行的市场化经营有了法律依据,银行业改革发展步入了法制轨道。1997 年我国加入了国际银行监管组织——巴塞尔委员会,标志着我国银行规制逐步与国际标准接轨。

这一时期,政府通过对银行及其他金融机构的经营活动进行规范、整治,理顺了金融业内部的业务关系,明确了人民银行、专业银行(商业银行)和其他金融机构的责任权利和业务范围,银行业经营体制逐步确立。同时,大量金融法规的颁布实施,使我国银行规制进入了有法可依阶段。

3)银行规制完善时期(1998—2002 年)

1997 年,亚洲金融危机的爆发使金融风险问题得到了国家高度重视,在此背景下,我国金融领域进行了一系列重大改革:第一,成立证监会和保监会分别行使对证券和保险行业的规制职能,人民银行只负责行使对各类银行类金融机构的规制职能,形成银行、证券和保险的分业规制的金融监管体系;第二,改革人民银行内部管理体制,包括建立跨省区分行、按全程监管的理念设置组织结构、实施金融监管责任制、建立监督考核机制等,改变对银行业的监督管理方式;第三,强化风险管理,采取向四大国有独资商业银行注资,剥离、收购、处置其不良资产等措施化解银行风险。

这一时期,我国积极适应新的金融形式,通过调整金融监管体系、改变银行业监管方式,特别是化解商业银行沉淀的经营风险,逐步确立了以管控风险为目标的银行监管原则。另外,这一时期我国还强化国际监管合作,积极学习国外金融监管的经验,逐步建立与国际通行准则相适应的监管机制。

(2)以中国银监会为主体的专业化银行规制阶段(2003 年至今)

2003 年 3 月,第十届全国人大一次会议审议通过国务院机构改革方案,分离中国人民银行对商业银行、信托投资公司、资产管理公司以及其他银行类金融机构的监管职能,并整合中央金融工作委员会的相关银行监管职能,设立中国银监会(中国银行业监督管理委员会)。至此,中国人民银行成为了专门的货币政策制定与执行机构,不再具有对银行业的规制职能,中国银监会作为对银行业监管的最高权力机构,全面行使对银行的规制职能。

2003 年 12 月,第十届全国人大第六次会议通过了《银行业监督管理法》,从司法层面赋予了银监会对银行业实施监督管理的权力,明确了银行业规制主体与被规制对象的关系,规范了对银行的监管行为,并进一步强调银行业监管的目标是“促进银行业的合法、稳健运行,维护公众对银行业的信心;保护银行业公平竞争,提高银行业竞争能力”。

银监会的成立和《银行业监督管理法》的颁布实施标志着我国银行监管步入了规范化、法制化和专业化的轨道。随着我国银行业改革和开放的深入,监管当局积极推进监管方式、制度和技术的创新,坚持监管与改革、发展、开放并行的原则,确立审慎性风险监管的理念,银行规制进入了一个新的历史发展阶段。在新的银行规制体制下,商业银行的经营风险得到了有效控制,国际竞争能力明显增强,我国银行业实现了跨越性发展。

2.4.2　我国银行业特许经营条件的现状与趋势

随着金融领域改革的深入,我国严格管制的银行业金融环境逐渐改变,商业银行过去优越的特许经营条件逐步被侵蚀,主要体现在以下几个方面:

(1)银行业进入门槛进一步降低,竞争限制逐步减少

长期以来,我国银行扮演政府部门的“保管箱”和“出纳员”,没有独立自主的经营权力,这种银行经营制度安排保障了特殊时期的经济增长和改革的顺利进行,但也使银行积累了大量的不良贷款,并导致自有资本不足、风险抵御能力较差等情况,严重威胁到了金融系统的安全。为顺利推进银行业的市场化改革,同时满足《巴塞尔协议》等国际监管准则提出的资本监管要求,并有效应对加入世界贸易组织后外资银行进入的冲击,我国对银行业实行竞争保护政策,通过严格的准入限制、经营范围限制等措施给予银行较大的市场势力,以使其通过利润的积累来消化规模庞大的不良资产,补充自有资本,并增强国际竞争能力。

近年来,随着我国银行风险抵御能力的提高和经营实力的增强,银行的竞争限制逐步减少,银行业市场结构逐步改善,见表2.1。2009年4月,银监会发布《关于中小商业银行分支机构市场准入政策的调整意见(试行)》,从数量指标、运营资金、监管审批等方面调整了中小商业银行分支机构的市场准入政策,放宽了对商业银行业务范围的限制,消除了银行跨区域经营的制度障碍。十八届三中全会发布的《中共中央关于全面深化改革若干重大问题的决定》进一步强调“允许具备条件的民间资本依法发起设立中小型银行等金融机构”,释放了我国将逐步降低银行业准入门槛、构建竞争性金融生态的积极信号。2015年6月,《中国银监会中资商业银行行政许可事项实施办法》(见附录1)修订公布,意味着银行业金融机构发起设立条件将发生巨大改变,同时也意味着我国商业银行过去较高垄断势力的特许经营条件将逐步被稀释。

(2)利率管制全面放开

由于经济建设和经营体制等历史原因,我国商业银行执行的存贷利率长期由中国人民银行(以下简称“央行”)决定,资金价格处于管制状态。自1996年放开银行间同业拆借利率以来,国家审时度势,有序开展各项具体改革措施,逐步扩大银行对资金价格的自主定价空间,利率市场化每年以2.6%的速度推进,到2010年资金价格市场化程度已接近50%(顾海兵 等,2013)。2013年7月,央行全面取消对金融机构的贷款利率管制,意味着金融机构可完全依据市场原则自主确定贷款利率水平,标志着利率市场化改革已取得实质性进展。2015年10月,央行决定对商业银行和农村合作金融机构等不再设置存款利率浮动上限,标志着我国存款利率管制已基本结束。截至目前,除个别特殊领域的利率外,我国已放开对绝大部分存贷款资金价格的管制。我国存贷款利率市场化进程见附录2。

全面放开利率的管制是我国经济和金融发展到一定阶段的客观需要和必然结果,必将

对以“买卖资金”为主要业务的商业银行带来巨大的冲击。在利率管制下，我国的存贷利差相对较大，见表 2.1，银行具有较为稳定的经营收益，并对传统存贷业务产生了高度依赖。利率市场化后，随着银行业市场竞争的加剧和存款人、贷款者投融资渠道的增多，银行的利差将逐步收窄，高利差的特许经营条件将逐步改变。

表 2.1　2004—2013 年我国银行业市场结构与净利差变化情况

年份	2004	2005	2006	2007	2008	2009	2010	2011	2012	2013
利差①/%	3.336	3.330	3.514	3.509	3.249	3.060	3.067	3.060	3.031	3.000
HHI②/%	0.098	0.083	0.078	0.074	0.066	0.067	0.064	0.064	0.062	0.060

数据来源：2004—2013 年中国金融统计年鉴、各年度商业银行年报。

（3）银行市场退出机制和存款保险制度建立健全

一直以来，我国对银行实行隐性存款保险制度，政府不但是银行的最后贷款人，而且对问题银行进行托管、注资或救助，使银行不会因具有过高风险而破产。在隐性存款保险制度下，银行能够获取冒险经营相应的收益而不必承担对应的损失，降低了银行的风险成本，也减少了其控制风险的积极性和对风险管理的投入，使其能将更多的资源配置于能直接产生经济效益的经营业务，获取高利差和垄断势力等特许经营条件创造的超额收益。同时，在隐性存款保险制度下，投资者将银行信用等同于政府信用，这使银行具有更高的市场声誉，能够形成更大的经营优势。

隐性存款保险制度使银行能够将经营风险转嫁给政府，不但加重了政府负担，而且扭曲了银行经营行为。有效竞争是现代金融体系的基本特性，银行业竞争的有效性除了应具备多层次的竞争结构、公平的竞争环境、规范的竞争秩序等条件外，还需要建立优胜劣汰的退出机制，确保问题银行有序、合理退出市场。十八届三中全会发布的《中共中央关于全面深化改革若干重大问题的决定》明确指出，要“建立存款保险制度，完善金融机构市场化退出机制”。2015 年 2 月，国务院正式发布《存款保险条例》，见附录 3，并于 2015 年 5 月 1 日起正式施行，标志着我国建立（显性）存款保险制度取得了突破性进展。长期以来，“银行破产、国家兜底”的隐性存款保险制度将逐步退出。显然，随着银行业改革的深入和市场条件的成熟，建立健全金融机构破产法规和银行市场退出机制将是必然趋势，在此背景下，银行的风险行为将直接与其经营成本和破产概率挂钩，过度的风险承担将触发市场退出机制，使其彻底丧失特许经营条件、优势和特许权价值。

---

① 利差＝一年期存款基准利率的年度加权平均与一年期贷款基准利率的年度加权平均之差，其中存款（贷款）基准利率的年度加权平均＝$\sum$（基准利率×在该年度的实际执行天数/365）。

② HHI 为赫芬达尔指数，是度量行业市场竞争度的常用指标，其计算方式为：HHI ＝ $\sum s_{it}^2$，其中 s_{it} 为第 t 年市场份额最大的 15 家银行贷款额占金融机构贷款总额的比重。该指数越大，行业市场集中度越高，竞争程度越小。

本章小结

本章结合现有文献阐释了银行特许权及银行特许权价值的概念与内涵，重点分析了银行特许权的来源和特许权价值的形成过程，并在回顾我国银行业发展历程的基础上，描述了我国银行特许经营状况。

银行取得经营许可证不单意味着其具有开展资金借贷等特殊业务的权利，更重要的是它可以获得由竞争限制、利率控制以及政府隐性担保等金融管制制度创造的经营条件，并具有由其功能特点与产业属性决定的市场声誉、信息资源、规模经济等经营优势。特许经营制度赋予银行的这些条件和优势是银行特许权的本质，也是银行特许权价值形成的基础。然而，这些条件和优势仅仅是银行经营管理中可用的客观、外在因素，而它们能否形成超额收益，能创造多少价值则取决于银行将它们转化为经济效益的能力。因此，研究银行特许权价值，除深入分析银行特许权的来源与构成外，还需要重点研究银行利用特许经营条件和优势创造价值的能力在特许权价值形成中的作用。

由于历史和体制等因素，我国一直对银行业实现严格的牌照管理和竞争限制政策，这使商业银行具有较为优越的特许经营条件，也为我国银行业的发展壮大和国际竞争力的形成创造了良好的制度环境。然而，随着改革的深入，全面放开利率管制、强化银行业市场竞争、建立健全银行市场退出机制将是必然趋势，过去严格管制的金融环境将逐渐改变，银行的特许经营条件将逐步侵蚀，在此背景下，特许权价值是否具有抑制银行风险承担的自律效应，商业银行应如何提高特许权价值是理论界和实务界广泛关注的问题，本书将在后续章节中对这些问题进行研究。

第 3 章　银行特许权对贷款价格的影响

3.1 引　言

当前,企业融资成本过高是我国实体经济发展面临的主要问题。据统计,2013 年年底我国企业债权融资的平均成本为 13.21%,其中通过商业银行融资的平均成本为 9.7%,通过影子银行融资的平均成本约为 18.28%。高企的融资成本不仅一直困扰着企业的发展,而且极大地制约了经济结构调整与转型升级。为此,2014 年 8 月国务院发布《关于多措并举着力缓解企业融资成本高问题的指导意见》,要求采取多项措施降低企业融资成本,促进金融与实体经济的良性互动。在此背景下,深入分析影响企业融资成本的因素,积极探寻导致融资贵问题的原因显得尤为迫切,且具有重要意义。

在以间接融资为主的金融体系中,银行收取的贷款利率是企业融资成本的倒影。与企业利润率低下相对应,近年来银行却获利颇丰。2013 年,A 股上市银行的平均净资产收益率高出非银行上市公司近一倍,利润占全部上市公司利润总额的 51.47%。业界普遍认为,银行凭借经营特许权垄断了信贷资源,迫使企业接受较高的贷款价格,从中获取了超额收益,并推高了企业融资成本。虽然我们急需知道这种观点是否正确,以便判断优化银行业市场结构、强化竞争机制是否为缓解企业融资贵问题的可行途径。但是目前这种直观上的认识仍缺乏理论层面的验证,尤其是缺乏银行特许权对贷款价格的影响程度测算与作用机理探讨。

由第 2 章分析可知,银行取得金融许可证不仅意味着其具有经营资金存贷等特殊业务的权利,更重要的是它可以获得由竞争限制、利率管制、政府担保等金融政策创造的经营条件,并在市场声誉、信息资源、规模经济等方面形成经营优势。因此,在借贷方协商定价条件下,银行特许权导致企业融资成本偏高的观点的逻辑实质为:银行凭借特许权赋予的经营条件和优势,形成较强的议价能力,在与企业的贷款谈判中处于强势地位,“掠夺”了企业的“剩余”,推高了贷款价格。那么,这种逻辑是否具有理论依据?特许权使银行形成了多强的议价能力?这对贷款价格构成了多大程度的影响?本章建立讨价还价博弈模型探讨银行特许权影响贷款价格的作用机理,并采用双边随机边界模型和 2005—2013 年我国 104 家商业银行的数据,测算银行特许权形成的议价能力大小及对贷款价格的影响程度。

3.2 讨价还价博弈模型

现有文献大多基于贷款的金融产品属性研究信贷风险在贷款定价中的作用（彭红枫等，2011；Dezsöa et al，2012；Kim et al，2013）或基于银行的金融中介属性研究金融监管对贷款价格的影响（毛捷 等，2007；Ruthenberg et al，2008；杨继光 等，2010；Agénor et al，2010），忽略了贷款的一般商品属性，缺乏从市场主体谈判议价的角度探讨贷款价格的形成机理①。本书借鉴 Rubinstein（1982）轮流出价博弈模型的思路，构建银行与企业关于贷款价格的讨价还价博弈模型，并分析银行凭借特许权形成的经营条件和优势对博弈结果的影响。

3.2.1 基本假设

①在利率市场化条件下，借贷双方通过谈判协商确定贷款价格及数量。假设贷款金额 Q 恒定，银行与企业仅针对贷款价格 P 进行讨价还价谈判。P 越高，则银行的获利越多；反之，则企业的收益越高。

②在特定的交易条件下，谈判前借贷双方对贷款价格均存在一个预期。假设银行对贷款价格的预期为 E_b，企业的预期为 E_c。在博弈中，如果 $E_b>E_c$，则借方或贷方均不愿意按对方提出的任何价格成交，二者没有讨价还价的基础。因此，假定 $E_b\leqslant E_c$，即银行对价格的预期小于等于企业的预期。

③谈判前，银行不能确切知道企业的投资收益、风险状况等信息，同样，企业也未能准确了解银行的信贷成本、风险偏好等信息，即借贷双方都不知道对方对贷款价格预期的准确值，但基于对市场结构、宏观环境等交易条件的了解，它们能够大致判断对方的贷款价格预期的区间。因此，借贷双方的讨价还价是不完全信息博弈。假定 E_b 和 E_c 均是私人信息，E_b 是银行的类型，E_c 是企业的类型。为简化分析，假定企业估计 E_b 服从 $[a, b]$ 区间上的均匀分布，银行估计 E_c 也服从 $[a, b]$ 上的均匀分布。

④在博弈中，虽然参与人不能准确了解其他参与方的信息，但能根据其他参与方的行为修正对其信息的判断，即博弈的参与人都具有学习能力（谢识予，2002）。就借贷方讨价还价的博弈而言，假定银行和企业均能根据对方的报价不断调整关于对方贷款价格预期的估计，例如，当银行观察到企业在第一阶段的报价 P_1^c 时，会修正它对 E_c 的初始估计，认为企业的 E_c 服从 $[P_1^c, b]$ 区间上的均匀分布。

⑤根据 Rubinstein（1982）的轮流出价模型，谈判双方都要为推迟达成协议付出代价，即应按一定的贴现因子 σ 将第二阶段及以后的谈判收益折算成第一阶段的收益，σ 是拖延谈

① 马理等（2013）建立博弈模型分析了市场化条件下的贷款价格形成问题，但模型中忽略了博弈参与人的学习能力。

判的成本,因此,可将$(1-\sigma)$视为"谈判成本"占收益的比例。假定谈判双方的拖延成本不同,银行的贴现因子为σ_b,企业的贴现因子为σ_c。拖延谈判成本的存在使讨价还价不能无限制地进行下去,若在第n阶段尚未达成协议,则双方的收益都将为零。

⑥凭借特许权形成的经营条件和优势,银行一般具有较企业更强的议价能力,这在模型中表现为银行的谈判成本小于企业:首先,特许经营使银行能够形成对资金供给的垄断,在资金需求完全竞争的市场中,谈判破裂后银行找到相似交易对象的可能性更大,谈判失败的机会成本更小。其次,银行凭借市场声誉、信息资源和规模经济等经营优势,能够更容易地收集谈判相关信息,每次出价的费用更低(Petersen et al,1995)。最后,企业对资金的需求更为迫切,推迟达成协议对其更加不利,基于此,假定$\sigma_b < \sigma_c$。另外,鉴于企业主动向银行寻求资金支持,假定谈判中由企业先报价。

3.2.2 模型构建

采用Rubinstein(1982)讨价还价模型的思路,构建不完全信息下银行与企业关于贷款价格的轮流出价博弈模型。

不失一般性,先讨论n阶段的银行与企业讨价还价博弈过程。第一阶段,企业出价P_1^c,银行选择接受或拒绝企业的报价。若银行接受,博弈结束,企业和银行的收益分别为$Q \times (E_c - P_1^c)$和$Q \times (P_1^c - E_b)$;如果银行拒绝,则博弈进入第二阶段。在第二阶段,银行出价P_1^b,企业选择接受或拒绝。若企业接受银行的报价,博弈结束,由于是在第二阶段达成交易,借贷双方的收益须按贴现因子σ^c和σ^b折算成第一阶段的收益,即企业的收益为$\sigma^c \times Q \times (E_c - P_1^b)$,银行的收益为$\sigma^b \times Q \times (P_1^b - E_b)$;如果企业拒绝,则博弈进入第三阶段。这样借贷双方轮流出价,直到博弈进入第n阶段。在第n阶段,无论博弈的一方是接受还是拒绝另一方的报价,博弈都将结束。如果n为奇数,那么,在第n阶段由企业报价$P_{(n+1)/2}^c$,如果银行选择接受,则企业的收益为$(\sigma^c)^{n-1} \times Q \times (E_c - P_{(n+1)/2}^c)$,银行的收益为$(\sigma^b)^{n-1} \times Q \times (P_{(n+1)/2}^c - E_b)$;如果银行选择拒绝,借贷双方的收益均为零。如果$n$为偶数,那么,在第$n$阶段由银行报价$P_{n/2}^b$,如果企业选择接受,则其收益为$(\sigma^c)^{n-1} \times Q \times (E_c - P_{n/2}^b)$,银行的收益为$(\sigma^b)^{n-1} \times Q \times (P_{n/2}^b - E_b)$;如果企业选择拒绝,借贷双方的收益均为零。

3.2.3 模型求解

为简化分析,本章构建两阶段讨价还价博弈树,讨论模型的均衡解,并分析议价能力对博弈结果的影响。图3.1为银行与企业关于贷款价格的博弈过程。

先从第二阶段开始分析博弈双方的序列理性策略。对于企业而言,这是最后的机会,如果拒绝银行在第二阶段的报价P_1^b,则其收益为0。因此,只要$\sigma^c \times Q \times (E_c - P_1^b) \geq 0$,即$E_c \geq P_1^b$,它一定会选择接受。此时企业和银行的收益分别为$\sigma^c \times Q \times (E_c - P_1^b)$和$\sigma^b \times Q \times (P_1^b - E_b)$。

再来看第二阶段银行的报价。首先,银行知道企业在第二阶段的决策方式,即将以

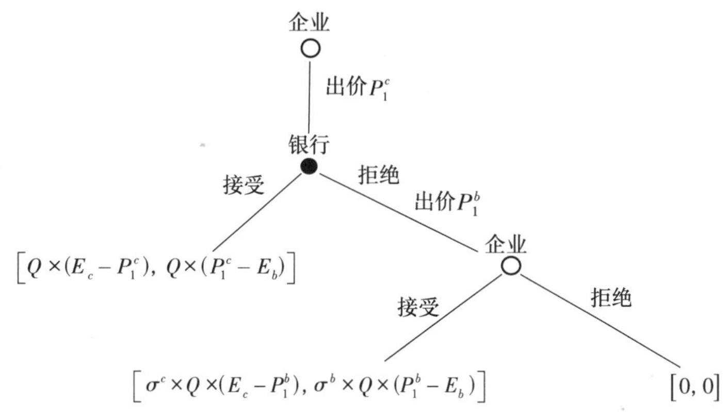

图 3.1　银行与企业关于贷款价格的博弈过程

$E_c \geqslant P_1^b$ 是否成立作为标准选择接受或拒绝；其次，银行此时判断企业对贷款价格的预期 E_c 服从$[P_1^c, b]$区间上的均匀分布。基于此，银行选择 P_1^b 使自己的期望收益 R^b 最大化，即

$$\max_{P_1^b} R^b = \max_{P_1^b} [p_{ca} \times \sigma^b \times Q \times (P_1^b - E_b) + p_{cr} \times 0] \tag{3.1}$$

式中，p_{ca} 和 p_{cr} 分别为在第二阶段企业接受和拒绝银行 P_1^b 报价的概率。

根据银行对企业关于贷款价格预期的判断，则有：

$$p_{ca} = p\{E_c \geqslant P_1^b\} = \frac{b - P_1^b}{b - P_1^c} \tag{3.2}$$

$$p_{cr} = p\{E_c < P_1^b\} = \frac{P_1^b - P_1^c}{b - P_1^c} \tag{3.3}$$

将式(3.2)、式(3.3)代入式(3.1)中，并对 P_1^b 求偏导得：

$$\frac{\partial R^b}{\partial P_1^b} = \frac{\sigma^b \times Q \times (b - 2P_1^b + E_b)}{b - P_1^c} \tag{3.4}$$

令 $\frac{\partial R^b}{\partial P_1^b} = 0$，求解银行的最优报价为：

$$P_1^b = \frac{b + E_b}{2}$$

因此，若博弈进行到第二阶段，且企业接受银行的报价 $P_1^b = (b + E_b)/2$，则企业的收益为：

$$\sigma^c \times Q \times (E_c - P_1^b) = \frac{\sigma^c \times Q \times (2E_c - b - E_b)}{2} \tag{3.5}$$

银行的收益为：

$$\sigma^b \times Q \times (P_1^b - E_b) = \frac{\sigma^b \times Q \times (b - E_b)}{2} \tag{3.6}$$

回到博弈的第一阶段，对银行而言，它已知道若谈判进行到第二阶段它能得到的最大收益为$[\sigma^b \times Q \times (b - E_b)]/2$。因此，第一阶段它选择接受企业报价 P_1^c 的条件为：

$Q \times (P_1^c - E_b) \geqslant [\sigma^b \times Q \times (b - E_b)]/2$，整理得：

$$E_b \leqslant \frac{2P_1^c - b \times \sigma^b}{2 - \sigma^b} \tag{3.7}$$

企业了解银行在第一、第二阶段的选择方式，并基于此报价 P_1^c 以最大化自己的期望收益 R^c：

$$\max_{P_1^c} R^c = \max_{P_1^c} \left[p_{ba} \times Q \times (E_c - P_1^c) + p_{br} \times \frac{\sigma^c \times Q \times (2E_c - b - E_b)}{2} \right] \tag{3.8}$$

其中，p_{ba} 和 p_{br} 分别为在第一阶段银行接受和拒绝企业 P_1^c 报价的概率，即

$$p_{ba} = p\left\{ E_b \leqslant \frac{2P_1^c - b \times \sigma^b}{2 - \sigma^b} \right\} = \frac{2(P_1^c - a) - \sigma^b(b - a)}{(b - a)(2 - \sigma^b)} \tag{3.9}$$

$$p_{br} = p\left\{ E_b > \frac{2P_1^c - b \times \sigma^b}{2 - \sigma^b} \right\} = \frac{2(b - P_1^c)}{(b - a)(2 - \sigma^b)} \tag{3.10}$$

将式(3.9)、式(3.10)代入式(3.8)中并对 P_1^c 求偏导得：

$$\frac{\partial R^c}{\partial P_1^c} = \frac{Q \times (2E_c - 4P_1^c + 2a + b\sigma^b - a\sigma^b) + \sigma^c \times Q \times (b + E_b - 2E_c)}{(b - a) \times (2 - \sigma^b)} \tag{3.11}$$

令 $\frac{\partial R^c}{\partial P_1^c} = 0$，求解第一阶段企业的最优报价为：

$$P_1^c = \frac{2(E_c + a) + \sigma^b(b - a) + \sigma^c(b + E_b - 2E_c)}{4} \tag{3.12}$$

3.2.4 博弈结果及分析

由以上逆向归纳法求得两阶段讨价还价博弈的完美贝叶斯均衡为：

①企业第一阶段出价：

$$P_1^c = \frac{2(E_c + a) + \sigma^b(b - a) + \sigma^c(b + E_b - 2E_c)}{4} \tag{3.13}$$

②当银行对贷款价格的预期 E_b 满足

$$E_b \leqslant \frac{2(E_c + a) - \sigma^b(b + a) + \sigma^c(b + E_b - 2E_c)}{2(2 - \sigma^b)} \tag{3.14}$$

时，银行接受企业 P_1^c 的报价，否则拒绝。

③银行在观察到企业的报价 P_1^c 后，判断企业对贷款价格预期 E_c 服从[P_1^c, b]区间上的均匀分布。若银行拒绝企业 P_1^c 的报价，则在第二阶段它的报价为：

$$P_1^b = \frac{b + E_b}{2} \tag{3.15}$$

④当企业对贷款价格的预期 E_c 满足

$$E_c \geqslant P_1^b \tag{3.16}$$

时，企业接受银行 P_1^b 的报价，否则拒绝，博弈终止。

从上述分析可知,参与方的议价能力 σ 对博弈结果具有重要影响。借贷双方谈判达成的交易价格 P_1^c 对 σ_b 求偏导得:

$$\frac{\partial P_1^c}{\partial \sigma_b} = (b - a) > 0 \tag{3.17}$$

由式(3.17)可知,贷款成交价格 P_1^c 与银行议价能力 σ_b 呈正向关系,表明银行的谈判成本越低,议价能力越强,谈判达成的交易价格越高,即贷款价格随银行议价能力的增强而提高。

3.3　实证模型

由上述博弈模型可知,特许权使银行具有议价优势,并使谈判达成较高的贷款价格。为进一步探明银行凭借特许权形成的谈判优势大小及其对贷款价格的影响程度,本章实证测度银行的议价能力。

3.3.1　贷款价格的形成过程

在一个典型的资金借贷市场上,贷款价格由借贷双方谈判协商确定,达成的交易价格(P)为:

$$P = \underline{P} + \lambda(\overline{P} - \underline{P}) \tag{3.18}$$

其中,$\underline{P}$ 为银行所能接受的最低价格,$\overline{P}$ 为企业愿意支付的最高价格,λ 表示银行通过讨价还价使成交价格高于其最低可接受价格的能力,即 $\lambda(\overline{P} - \underline{P})$ 可表示为在贷款价格形成过程中银行获取的“剩余”。此时,贷款的成交价格 P 可看成是企业愿意支付的最高价格 $\overline{P}$ 和银行能接受的最低价格 $\underline{P}$ 的加权平均值,权数为银行的议价能力 λ。因为 $\underline{P} \leqslant P \leqslant \overline{P}$,所以有 $\lambda \in [0,1]$。

然而,由于企业愿意支付的最高价格和银行能接受的最低价格均不能观测,式(3.18)不可估计。另外,由3.1节对银行与企业关于贷款价格的博弈分析可知,借贷双方讨价还价需在特定的市场结构、经济环境中进行,这些因素构成了价格谈判的交易条件。在特定的交易条件下,银行与企业不但能结合私有信息形成对贷款价格的预期,而且他们可据此获得对方预期贷款价格的分布特征等信息。

为真实刻画借贷双方讨价还价过程和贷款价格形成机理,本章以向量 X 代表特定的交易条件,假设在特定交易条件(X)下形成的贷款“公允价格”[①]为 $\varphi(X)$,且有 $\varphi(X) =$

① 公允价格即排除借贷方讨价还价因素,完全由宏观环境、市场供需、交易成本、信贷风险等客观条件决定的贷款价格。公允价格不可观测,但客观存在,可理解为贷款的内在价值。

$E(\alpha|X)$，并假定谈判在公允价格的基础上进行，则企业愿意支付的最高价格 $\overline{P}$ 应满足 $\overline{P} \geqslant \varphi(X)$，银行所能接受的最低价格 $\underline{P}$ 应满足 $\underline{P} \leqslant \varphi(X)$ ①，即 $\underline{P} \leqslant \varphi(X) \leqslant \overline{P}$。此时，银行的预期剩余为 $\varphi(X) - \underline{P}$，企业的预期剩余为 $\overline{P} - \varphi(X)$。在谈判中，银行（企业）都将尽力抬高（压低）贷款价格以更多地获取对方的剩余，而双方最终获取的剩余规模则取决于他们的讨价还价能力。基于此，式(3.18)可改写为：

$$
\begin{aligned}
P &= \varphi(X) - \varphi(X) + \underline{P} + \lambda[\overline{P} - \underline{P} + \varphi(X) - \varphi(X)] \\
&= \varphi(X) + [\underline{P} - \varphi(X)] + \lambda[\overline{P} - \varphi(X)] - \lambda[\underline{P} - \varphi(X)] \\
&= \varphi(X) + \lambda[\overline{P} - \varphi(X)] - (1 - \lambda)[\varphi(X) - \underline{P}]
\end{aligned} \tag{3.19}
$$

式(3.19)中，贷款的成交价格由3个部分组成：第一部分为 $\varphi(X)$，表示在给定交易条件(X)下的公允价格；第二部分为 $\lambda[\overline{P} - \varphi(X)]$，表示银行凭借自身议价能力掠取的企业的剩余；第三部分为 $(1 - \lambda)[\varphi(X) - \underline{P}]$，表示企业通过谈判议价掠取的银行的剩余。

式(3.19)表明，银行可通过抬高贷款价格来掠取借款人的剩余，所掠取的剩余规模为 $\lambda[\overline{P} - \varphi(X)]$，同样，企业可以压低贷款价格以掠夺银行的剩余，所掠夺的剩余规模为 $(1 - \lambda)[\varphi(X) - \underline{P}]$。当企业的剩余 $\overline{P} - \varphi(X)$ 一定时，银行掠取的剩余多寡取决于其议价能力 λ 的大小；类似地，当银行的剩余 $\varphi(X) - \underline{P}$ 一定时，企业获取的剩余规模取决于其讨价还价能力 $(1 - \lambda)$ 的大小。因此，在贷款价格形成中，银行（企业）最终抬高（压低）价格的程度依赖于其谈判的议价能力。

由式(3.19)可知，$P - \varphi(X) = \lambda[\overline{P} - \varphi(X)] - (1 - \lambda)[\varphi(X) - \underline{P}]$，将 $\lambda[\overline{P} - \varphi(X)] - (1 - \lambda)[\varphi(X) - \underline{P}]$ 定义为借贷双方谈判形成的净剩余（NS），代表谈判议价因素对贷款价格的综合影响。若 $\lambda[\overline{P} - \varphi(X)] > (1 - \lambda)[\varphi(X) - \underline{P}]$，则 $P - \varphi(X) > 0$，表明在贷款价格形成过程中，银行掠取的剩余大于企业掠取的剩余规模，银行的议价能力高于企业的议价能力，使得贷款的成交价格向上偏离了公允价格；相反，若 $\lambda[\overline{P} - \varphi(X)] - (1 - \lambda)[\varphi(X) - \underline{P}] < 0$，则 $P < \varphi(X)$，表明企业掠取的剩余规模大于银行掠取的剩余，企业的议价能力高于银行的议价能力，使得贷款的成交价格向下偏离了公允价格。

3.3.2 双边随机边界模型

由以上分析可知，贷款的成交价格由公允价格、借贷双方预期价格和他们的议价能力决定。谈判议价使贷款成交价格偏离公允价格，而究竟是向上还是向下偏离则取决于借贷双方的议价能力。银行的谈判议价对贷款价格的形成具有正效应，而企业的讨价还价对贷款价格的形成具有负效应，成交价格随借贷双方的议价能力大小而围绕公允价格上下波动，即

---

① 否则银行与企业均不愿按对方提出的任何价格成交，二者没有谈判的基础，讨价还价无法进行。

谈判议价因素对贷款成交价格的影响具有双边性。由此,可将式(3.19)写成如下的双边随机边界模型(Kumbhakar 和 Parmeter,2009)形式[①]:

$$P_i = \varphi(X_i) + \xi_i \tag{3.20}$$

其中,$\varphi(X_i) = X_i'\beta$;$\xi_i = w_i - u_i + v_i$。

式(3.20)中,P_i 为贷款的实际成交价格;X_i' 为决定贷款公允价格的交易条件向量,如市场结构、经济环境、信贷成本与贷款风险等;β 为对应的待估参数向量;$w_i = \lambda_i[\overline{P_i} - \varphi(X_i)] \geqslant 0$,为银行通过谈判议价抬高贷款价格而获取的企业的剩余;$u_i = (1 - \lambda_i)[\varphi(X_i) - \underline{P}_i] \geqslant 0$,为企业通过讨价还价压低贷款价格而获取的银行的剩余。由此,在贷款价格形成过程中,银行的收益可表示为 $\varphi(X_i) + w_i$,企业的收益可表示为 $\varphi(X_i) + u_i$。另外,v_i 为随机干扰项,反映测量误差或其他不可预测因素导致的贷款成交价格对公允价格的偏离。由于 w_i,u_i,v_i 均不可观测,$\xi_i = w_i - u_i + v_i$ 可视为由单边误差 w_i,u_i 与随机误差 v_i 组成的复合误差项。

综上所述,在交易条件和借贷方预期价格一定的情况下,谈判中贷款成交价格对公允价格的偏离方向与幅度取决于借贷方的议价能力,反映为银行与企业掠取的剩余规模,即式(3.20)中 w_i 和 u_i 的大小:若 $w_i - u_i > 0$,则银行的议价能力大于企业,使得谈判形成的成交价格高于公允价格;与此对应,若 $w_i - u_i < 0$,则企业的议价能力大于银行,讨价还价的结果是贷款的成交价格低于公允价格。因此,为测度银行凭借特许经营条件和优势形成的议价能力大小及其对贷款价格的影响程度,需要估计式(3.20)中的 w_i 和 u_i。

若 $w_i = u_i = 0$,则贷款价格完全由其内在价值决定,式(3.20)就是完美条件下的价格决定模型,此时复合误差项 ξ_i 的期望为零,可采用最小二乘法等标准的回归方法来获得参数 β 的估计值。然而,w_i 和 u_i 均具有大于零的单边分布特征,并且本章重点需获得 w_i 与 u_i 的估计值,因此采用极大似然法估计式(3.20)。

为同时计算参数 β 和借贷双方掠取的剩余 w_i 与 u_i,对式(3.20)的误差项作如下的分布假设:

①因 w_i 为非负的单边误差项,假定其服从指数分布[②],即 $w_i \sim i.i.d.\ \exp(\sigma_w, \sigma_w^2)$;

②与 w_i 类似,假定单边误差项 u_i 同样服从指数分布,即 $u_i \sim i.i.d.\ \exp(\sigma_u, \sigma_u^2)$;

③因 v_i 为一般的随机误差项,假定其服从正态分布,即 $v_i \sim i.i.d.\ N(0, \sigma_v^2)$;

④假定误差项 w_i,u_i 和 v_i 彼此独立,且均独立于解释变量 X_i'。

基于以上假设,复合误差项 ξ_i 的概率密度函数为:

$$f(\xi_i) = \frac{\exp(a_i)}{\sigma_u + \sigma_w}\Phi(c_i) + \frac{\exp(b_i)}{\sigma_u + \sigma_w}\int_{-h_i}^{\infty}\varphi(z)\,\mathrm{d}z = \frac{\exp(a_i)}{\sigma_u + \sigma_w}\Phi(c_i) + \frac{\exp(b_i)}{\sigma_u + \sigma_w}\varphi(h_i) \tag{3.21}$$

① 国内学者卢洪友等(2011)、刘海洋等(2013)在测算我国医疗服务市场中的信息不对称程度和我国国有企业的国际议价能力时也采用了这种方法。

② 在随机边界模型中,半正太分布、截尾正太分布、伽马分布、指数分布是单边误差项常用的分布形态,Kumbhakar 和 Parmeter(2009)指出,采用不同的分布形态对模型的估计无明显的影响。

其中，$\Phi(\cdot)$ 与 $\varphi(\cdot)$ 分别为标准正态分布的累积分布函数和概率密度函数，$a_i = \frac{\sigma_v^2}{2\sigma_u^2} + \frac{\xi_i}{\sigma_u}$，$b_i = \frac{\sigma_v^2}{2\sigma_w^2} - \frac{\xi_i}{\sigma_w}, h_i = \frac{\xi_i}{\sigma_v} - \frac{\sigma_v}{\sigma_w}, c_i = -\frac{\xi_i}{\sigma_v} - \frac{\sigma_v}{\sigma_u}$。

若样本中包含 n 个观测值，则对数似然函数为：

$$\ln L(X;\kappa) = -n\ln(\sigma_u + \sigma_w) + \sum_{i=1}^{n} \ln[e^{a_i}\Phi(c_i) + e^{b_i}\Phi(h_i)] \tag{3.22}$$

其中，$\kappa = (\beta, \sigma_w, \sigma_u, \sigma_v)'$。

由于 σ_u 仅出现在 a_i 和 c_i 中，而 σ_w 仅出现在 b_i 和 h_i 中，最大化上述似然函数可得所有参数的估计值。

3.3.3 议价能力的估算

在对式(3.20)进行极大似然估计的基础上，本章通过测度银行与企业在贷款价格谈判过程中掠取的剩余规模 w_i、u_i 来估算借贷双方的议价能力大小及其对贷款价格的影响程度。为获得 w_i 和 u_i 的点估计值，推导它们的条件分布 $f(w_i \mid \xi_i)$ 和 $f(u_i \mid \xi_i)$ 分别为：

$$f(w_i \mid \xi_i) = \frac{\theta \times \exp(-\theta w_i) \times \Phi\left(\frac{w_i}{\sigma_v} + c_i\right)}{\exp(b_i - a_i) \times [\Phi(h_i) + \exp(a_i - b_i) \times \Phi(c_i)]} \tag{3.23}$$

$$f(u_i \mid \xi_i) = \frac{\theta \times \exp(-\theta u_i) \times \Phi\left(\frac{u_i}{\sigma_v} + h_i\right)}{\Phi(h_i) + \exp(a_i - b_i) \times \Phi(c_i)} \tag{3.24}$$

其中，$\theta = 1/\sigma_w + 1/\sigma_u$。

基于式(3.23)、式(3.24)，进一步推导 w_i 和 u_i 的条件期望分别为：

$$E(w_i \mid \xi_i) = \frac{1}{\theta} + \frac{\sigma_v \times [\Phi(-h_i) + h_i \times \Phi(h_i)]}{\exp(b_i - a_i) \times [\Phi(h_i) + \exp(a_i - b_i) \times \Phi(c_i)]} \tag{3.25}$$

$$E(u_i \mid \xi_i) = \frac{1}{\theta} + \frac{\exp(a_i - b_i) \times \sigma_v \times [\Phi(-c_i) + c_i\Phi(c_i)]}{\Phi(h_i) + \exp(a_i - b_i) \times \Phi(c_i)} \tag{3.26}$$

式(3.25)、式(3.26)分别为 w_i 和 u_i 的点估计，衡量了贷款成交价格偏离公允价格的幅度，反映了银行与企业的议价能力大小。但式(3.25)、式(3.26)度量的是绝对偏离程度，在不同观测值之间不具可比性。为便于比较，本章对其进行以下转换：

$$E(1 - e^{-w_i} \mid \xi_i) = 1 - \frac{\theta}{1+\theta} \times \frac{\Phi(c_i) + \exp(b_i - a_i) \times \exp\left(\frac{\sigma_v^2}{2} - \sigma_v h_i\right) \times \Phi(h_i - \sigma_v)}{\exp(b_i - a_i) \times [\Phi(h_i) + \exp(a_i - b_i) \times \Phi(c_i)]} \tag{3.27}$$

$$E(1 - e^{-u_i} \mid \xi_i) = 1 - \frac{\theta}{1+\theta} \times \frac{\Phi(h_i) + \exp(a_i - b_i) \times \exp\left(\frac{\sigma_v^2}{2} - \sigma_v c_i\right) \times \Phi(c_i - \sigma_v)}{\Phi(h_i) + \exp(a_i - b_i) \times \Phi(c_i)} \tag{3.28}$$

式(3.27)和式(3.28)中分别度量了借贷双方在贷款价格形成中掠取的剩余规模,即贷款成交价格相对于公允价格的偏离幅度,反映了银行与企业的议价能力强弱。

进一步求得谈判议价形成的净剩余(NS_i)为:

$$NS_i = w_i - u_i = E(1 - e^{-w_i} \mid \xi_i) - E(1 - e^{-u_i} \mid \xi_i) = E(e^{-u_i} - e^{-w_i} \mid \xi_i) \tag{3.29}$$

式(3.29)度量了贷款价格谈判的净效果,反映了谈判议价因素对贷款价格的综合影响程度。由前文分析可知,若 $NS_i>0$,则银行的议价能力高于企业,掠取的剩余大于企业,贷款成交价格高于公允价格;若 $NS_i<0$,则银行掠取的剩余规模少于企业,贷款成交价格低于公允价格,表明银行的讨价还价能力低于企业。

由以上分析可知,相对于事先对借贷双方议价能力作出假定的一般分析方法,通过将成交价格分解为公允价格、借贷双方获取的剩余和随机误差的双边随机边界分析方法,可以由模型估计结果确定各方的剩余规模,能够更合理地计算借贷双方的谈判议价能力。

3.4　变量选取与数据来源

3.4.1　变量选取

结合研究目的并考虑数据的可获得性,本章以银行的贷款利息收入与平均贷款净额之比作为贷款成交价格的度量指标,并根据信贷管理理论,选取以下变量作为决定贷款公允价格的交易条件(X')。

(1)贷款成本

依据成本加成定价原理,贷款价格由贷款成本、风险补偿和银行预期收益等部分构成。本章将贷款成本分为资金成本和信贷管理成本,定义资金成本为揽储成本和再贷款利率,并分别以存款利息支出与平均存款总额之比和一年期再贷款利率的年度加权平均值①表示;定义信贷管理成本为营业费用与平均资产总额之比。

(2)信贷风险

风险与收益相匹配是资金交易的基本原则,因此,风险溢价是贷款价格的重要组成部分。鉴于观测贷款的违约风险较为困难,而不良贷款率为具有违约风险的贷款占贷款总额的比重,在银行经营模式或客户群体较为稳定的情况下,可大致反映贷款发生违约的概率,本章以滞后一期的不良贷款率作为信贷风险的度量指标。

(3)市场结构

相对于借款方充分竞争的市场结构,银行业的市场竞争度较低,处于垄断地位的银行在

① 再贷款利率和基准利率的年度加权平均值 = $\sum$(再贷款利率或基准利率×在该年度的实际执行天数/365)。

应对经济环境变化、获得稀缺资源以及影响政策实施等方面具有优势，银行间更有机会“合谋”制订较高的价格而获取高收益（徐忠 等，2009）。因此，本章以银行业的市场集中度作为交易条件变量，并以赫芬达尔指数衡量。

（4）基准利率

利率管制迫使金融机构必须将贷款利率控制在基准利率的一定范围内，因此，基准利率在一定程度上决定了银行的贷款价格。本章定义基准利率为一年期贷款基准利率的年度加权平均值。

（5）经济环境

宏观经济环境是影响贷款公允价格的重要因素，其中，通货膨胀状况反映了货币贬值程度，是构成资金必要收益的重要内容，而在投资驱动型经济中，金融深度总体反映了经济体对贷款的依赖程度。因此，本章选取 M_2 增长率和人民币贷款额占社会融资总额的比重分别作为通货膨胀状况和金融深度的度量指标。

（6）银行特征

在信贷市场上，贷出方掌握贷款定价的主动权，因此，贷款公允价格除取决于上述基本交易条件外，还可能受银行经营状况的影响。参考关于贷款价格决定因素的相关研究，选取银行的资本充足率、贷存比、流动性比率、破产风险①和业务多元化程度作为银行特征变量。另外，本章还设置年度变量（T）以控制贷款价格随时间的变化趋势。

各类变量的定义及计算方式见表 3.1。

表 3.1　变量的定义及计算方式

名称	变量	定义（计算方式）
成交价格	P	贷款利息收入/平均贷款净额
揽储成本	FC	存款利息支出/平均存款总额
再贷款利率	RR	一年期再贷款利率的年度加权平均值
管理成本	AC	营业费用/平均资产总额
信贷风险	CR	不良贷款/贷款总额
市场结构	HHI	贷款的赫芬达尔指数
基准利率	BI	一年期贷款基准利率的年度加权平均值
通货膨胀状况	M_2gr	M_2 增长率
金融深度	FD	人民币贷款额/社会融资总额

① 以 Z 值度量银行的破产风险。Z 值为收益和资本与收益波动率之比，反映了银行对经营不确定性的缓释能力（Laeven et al，2009），该值越大，银行破产的概率越小，稳定性越高。其计算方式为：

$$Z = \frac{E_{ROA} + E_{LR}}{\sigma_{ROA}}$$

其中，E_{ROA} 和 σ_{ROA} 分别为银行总资产收益率的 3 年均值和标准差，E_{LR} 为银行杠杆率的 3 年均值。

续表

名称	变量	定义(计算方式)
资本充足率	CAR	$\frac{\text{总资本-对应资本扣减项}}{\text{风险加权资产}}$
贷存比	LDR	$\frac{\text{贷款总额}}{\text{存款总额}}$
流动性比率	LDX	$\frac{\text{流动性资产}}{\text{负债总额}}$
破产风险	$\ln Z$	Z 值的自然对数
业务多元化程度	MBD	$\frac{\text{其他营业收入}}{\text{营业总收入}}$

3.4.2　数据来源与变量描述

长期以来,我国存贷款利率处于严格管制状态,资金价格较难反映市场供需状况和自身价值规律。1996 年 6 月,人民银行放开银行间同业拆借利率,利率市场化改革正式启动。经过近十年的稳步推进,2004 年 10 月,人民银行取消贷款利率上浮封顶,并规定下浮幅度为基准利率的 0.9 倍,标志着贷款价格的市场化改革取得了实质性进展,借贷方的协商议价空间进一步扩大。鉴于此,本章以 2005 年作为分析的起点,选取 2005—2013 年我国商业银行为研究对象,所有数据均由笔者从各商业银行年报上手工收集整理完成。剔除部分数据不全样本后共获得 104 家商业银行 751 个观测值,数据描述见表 3.2。

表 3.2　变量描述性统计

变量	均值	标准差	最小值	最大值
P	0.072 6	0.018 2	0.031 4	0.194 7
FC	0.017 1	0.005 2	0.000 4	0.040 8
RR	0.038 1	0.003 6	0.033 3	0.045 7
AC	0.011 7	0.003 4	0.003 7	0.032 6
CR	0.026 1	0.034 8	0.000 1	0.418 6
HHI	0.067 9	0.006 6	0.060 4	0.083 0
BI	0.060 9	0.006 0	0.053 1	0.071 7
M_2gr	17.664 5	4.322 5	13.600	27.680 0
FD	0.627 3	0.086 0	0.515 0	0.784 6
CAR	0.120 0	0.032 6	0.018 0	0.381 0
LDR	0.648 0	0.123 1	0.077 4	1.227 9
LDX	0.292 0	0.116 3	0.000 0	0.698 6
$\ln Z$	3.824 0	0.982 4	1.395 9	9.942 9
MBD	0.134 4	0.112 2	0.000 0	0.735 7

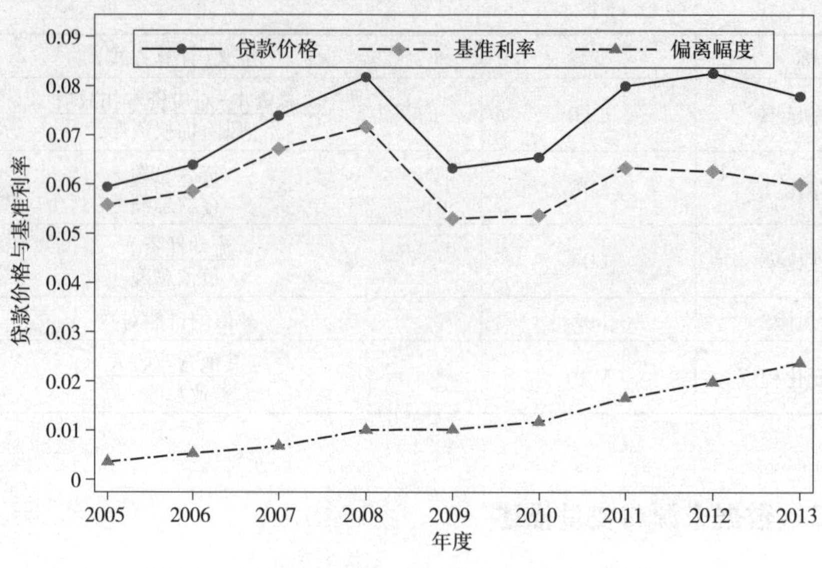

图 3.2　贷款价格对基准利率偏离幅度的变动趋势

总体而言,样本期贷款成交价格随基准利率波动变化,但贷款价格对基准利率的偏离幅度呈逐年扩大趋势,如图 3.2 所示,表明随着我国利率市场化改革的加速推进,非市场因素在贷款价格形成中的作用逐渐减弱,银行的贷款定价能力日趋增强,资金供需状况、风险收益原则、市场主体特征等交易条件日益成为决定贷款价格的重要因素。

类似于贷款价格,样本期银行的揽储成本随存款基准利率波动变化。同时,伴随银行业市场化改革的不断深入,行业竞争日趋激烈,银行的经营管理能力逐渐增强,市场集中度、贷款管理成本和信贷风险均逐年下降。限于篇幅,对于其他变量的统计特征文中不再赘述。

3.5　实证结果及分析

本节首先估计双边随机边界模型,分析贷款公允价格的影响因素,在此基础上分解模型的总方差,确定谈判议价因素对贷款价格波动的解释能力,最后测度借贷双方获取的剩余规模及议价能力大小,并分析其变化趋势。

3.5.1　模型估计

为便于比较,采用多种方法对贷款公允价格的决定因素进行分析,结果见表 3.3①。在表 3.3 中,模型 1、模型 3 为仅包含基本交易条件的 OLS 和双边随机边界模型的估计结果,模型 2、模型 4 为进一步考虑了银行个体特征变量的 OLS 和双边随机边界模型的估计结果。

① 为减少异常值的干扰,对所有连续变量均进行了上下 1% 的 winsorize 处理。

表 3.3　模型估计结果

变量	模型 1	模型 2	模型 3	模型 4
FC	0.698 5***	0.864 4***	0.039 4	0.335 4***
	0.187 4	0.182 2	0.121 7	0.125 6
RR	-0.573 5	-0.455 8	0.691 4	0.969 4*
	0.405 4	0.455 9	0.548 0	0.495 9
AC	0.795 2***	0.938 9***	1.432 6***	1.648 3***
	0.147 5	0.112 9	0.164 8	0.163 2
CR	0.027 5	0.030 7*	0.039 9**	0.044 8***
	0.017 6	0.017 3	0.017 0	0.016 7
HHI	0.643 8***	0.489 5***	0.321 7	0.665 3**
	0.099 5	0.142 2	0.325 5	0.285 2
BI	0.756 8***	0.683 1***	0.776 0***	0.594 3***
	0.153 6	0.163 2	0.238 8	0.214 6
M_2gr	0.066 9***	0.058 6***	0.042 1	0.060 6**
	0.009 2	0.011 2	0.030 6	0.027 0
FD	0.015 7	0.012 6	-0.024 8	-0.032 3*
	0.011 4	0.012 4	0.020 7	0.018 4
CAR		0.018 5		0.019 7
		0.011 4		0.014 6
LDR		-0.034 5***		-0.022 3***
		0.004 7		0.004 1
LDX		0.001 6		0.011 1**
		0.005 1		0.004 4
$\ln Z$		-0.000 3*		-0.001 2***
		0.000 2		0.000 5
MBD		-0.015 8***		-0.025 5***
		0.003 2		0.003 6
T			0.002 1**	0.002 4***
			0.001 0	0.000 8
_cons	0.071 9***	0.080 5***	-0.050 2	-0.063 6**
	0.006 1	0.015 2	0.037 3	0.032 1
R^2	0.498 6	0.553 2		
Log likelihood			2 216.937 9	2 276.146 6

注:①Hausman 检验显示,模型 1、模型 2 均宜采用固定效应形式。

②经 Wald 检验和 Wooldridge 检验发现,模型 1、模型 2 均存在显著的异方差和组内自相关,因此,本章在 OLS 估计的基础上,采用 Hoechle(2007)建议的 Driscoll-Kraay 标准差计算稳健性 t 值。

③ ***, **, * 分别表示在 1%,5% 和 10% 的水平下显著,下同。

从表 3.3 中可知，各模型的拟合效果均较好，绝大部分变量的解释能力较强，表明本章的模型设定和交易条件变量选择能有效反映贷款公允价格的形成机理。

进一步分析发现，贷款成本、信贷风险、市场结构、基准利率以及通货膨胀状况是决定贷款公允价格的主要交易条件，在各模型中，这些变量大体上均与贷款价格呈显著正向关系，表明银行揽储和管理成本越高、贷款违约风险越大、信贷市场越集中、基准利率越高或 M_2 增长越快，银行收取的贷款利率越高。而再贷款利率和金融深度变量与贷款价格的关系不明确，这些因素对贷款价格的影响还需进一步考察。此外，在银行特征变量中，资本充足率对贷款价格无显著影响，贷存比、业务多元化程度对贷款价格具有负向效应，流动性比率和破产风险对贷款价格具有正向效应，表明贷款规模越大、经营稳健性越高、流动性状况越差或多元化经营的银行更趋向于接受较低的贷款价格。

另外，模型 2、模型 4 的 R^2 和 Log likelihood 均明显高于模型 1、模型 3，表明在分析贷款公允价格形成机理时应考虑银行特征因素的影响，鉴于此，本章后续讨论主要基于模型 4 进行。

3.5.2 方差分解

在式(3.20)中，促使贷款成交价格偏离公允价格的原因有 3 个方面，即银行凭其议价能力而抬高的价格、企业谈判议价而压低的价格和随机误差。因此，在模型估计的基础上，可将贷款价格的波动分解为银行议价能力的影响、企业议价能力的影响和随机因素的干扰 3 个部分，结果见表 3.4。

表 3.4 借贷双方议价能力对贷款价格波动的影响

类别	符号	定义	测算结果
议价机制	σ_w	银行议价能力的影响	0.012 4
	σ_u	企业议价能力的影响	0.004 9
	σ_v	随机因素的影响	0.002 1
方差分解	$\sigma_w^2 + \sigma_u^2 + \sigma_v^2$	总方差	0.000 2
	$\dfrac{\sigma_w^2 + \sigma_u^2}{\sigma_w^2 + \sigma_u^2 + \sigma_v^2}$	借贷双方议价能力的影响占总方差的比重	0.975 9
	$\dfrac{\sigma_w^2}{\sigma_w^2 + \sigma_u^2 + \sigma_v^2}$	银行议价能力的影响占总方差的比重	0.844 0
	$\dfrac{\sigma_u^2}{\sigma_w^2 + \sigma_u^2 + \sigma_v^2}$	企业议价能力的影响占总方差的比重	0.131 9

从表 3.4 中可知，借贷双方的谈判议价因素对贷款价格的形成具有十分重要的影响，综合效果为 $E(w-u)=\sigma_w-\sigma_u=0.0075$，表明银行凭借特许权形成的经营条件和优势在谈判

中处于强势地位，最终导致贷款的成交价格向公允价格的上方偏离。方差分解结果显示，借贷双方谈判议价导致的价格波动占贷款价格总方差的97.59%，在谈判议价因素对贷款价格的影响中，银行议价能力的作用占86.48%，而企业议价能力的作用仅为13.52%，进一步说明了在贷款价格形成过程中，银行处于主导地位。

3.5.3 借贷方获取剩余的估计

估计式(3.27)至式(3.29)可得在贷款价格形成过程中银行和企业各自获得的剩余规模，以及净利余，结果见表3.5及图3.3至图3.5。

表3.5 借贷双方获得的剩余统计

剩余类型	均值/%	标准差/%	Q_1/%	Q_2/%	Q_3/%	Q_4/%
银行获取的剩余	1.221 5	1.116 4	0.398 4	0.750 5	1.607 7	5.026 3
企业获取的剩余	0.486 3	0.323 5	0.349 0	0.350 5	0.451 5	1.880 8
净剩余	0.735 2	1.260 3	−0.053 1	0.400 0	1.258 7	4.677 3

注：Q_1 ~ Q_4 分别表示各指标在对应四分位上的均值，下同。

表3.5的估计结果显示，在贷款价格形成过程中，银行凭其议价能力可获得约为公允价格1.22%的剩余规模，而企业获得的剩余仅为公允价格的0.49%，二者共同作用使得贷款成交价格高出公允价格0.74%。表明虽然在利率管制条件下，借贷双方获取的剩余规模以及成交价格偏离公允价格的幅度均较小，但银行具有更强的议价能力，凭借特许经营条件和经营优势在谈判中仍处于有利地位，能获得较企业更多的剩余，抬高了贷款价格，增加了企业的融资成本。

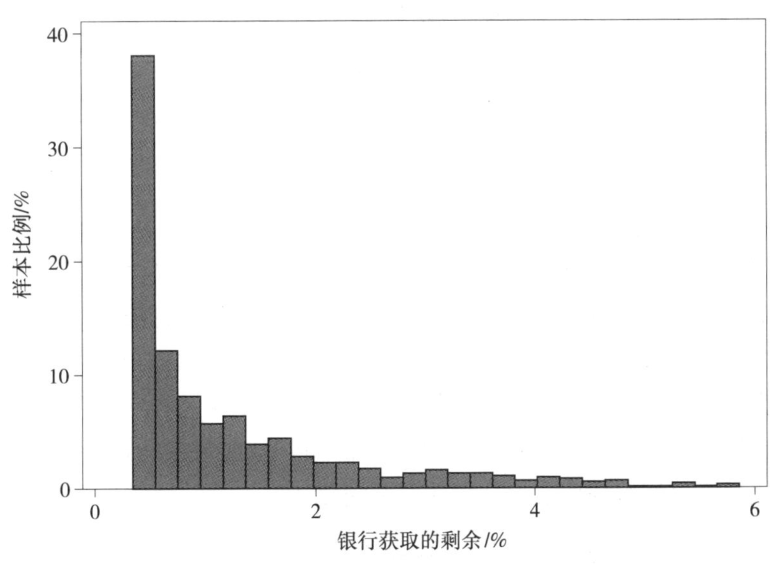

图3.3 银行获取的剩余分布特征

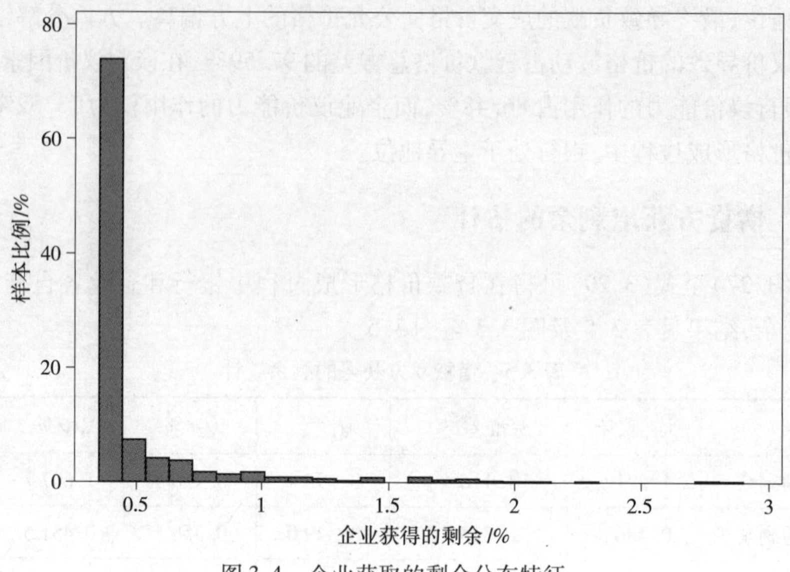

图 3.4　企业获取的剩余分布特征

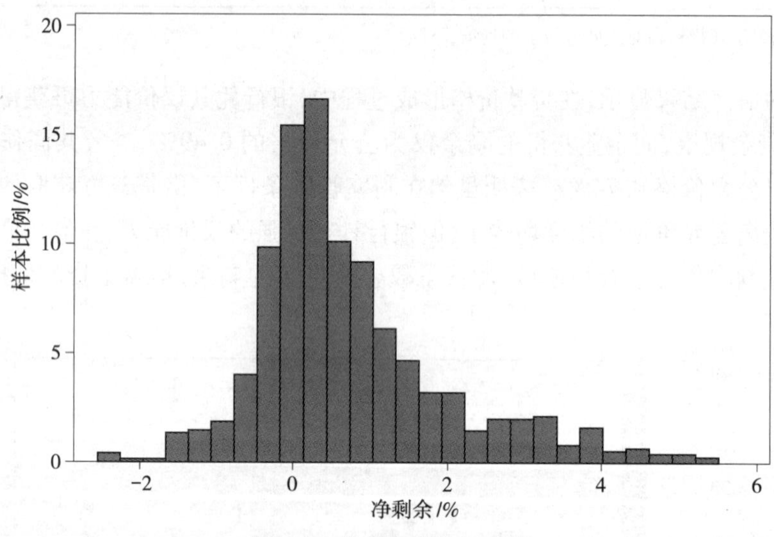

图 3.5　净剩余的分布特征

借贷双方获取剩余的频数分布(见图 3.3、图 3.4)显示,近 80% 的企业获取的剩余均小于 0.50%,而银行获取的剩余则较为分散,分布于 1% ~6% 的观测值占样本的近 50%,表明相对于企业,银行的议价能力具有更强的个体异质性。此外,由净剩余的分布特征(见图 3.5)可知,近 25% 样本的净剩余小于零,表明在贷款价格形成过程中,并非所有的企业都处于被掠夺的弱势地位,仍有部分企业(如大型或国有企业)在与银行进行贷款价格谈判时具有优势,能够凭其议价能力使成交价格低于公允价格。

3.5.4　借贷方获取剩余的时间趋势

2005 年以来,在利率市场化改革持续深入的同时,我国银行业的市场化改革加速推进,高度集中的行业结构得到显著改善。利率市场化改革为借贷双方协商确定贷款价格创造了客观条件，银行业市场结构改革是否有助于降低资金供给的垄断程度，稀释银行的特许权，改变借贷方在价格谈判中的不对称地位？为此，分年度统计银行和企业获取的剩余规模，以考察借贷方的议价能力随时间的变化趋势，结果如图3.6所示。

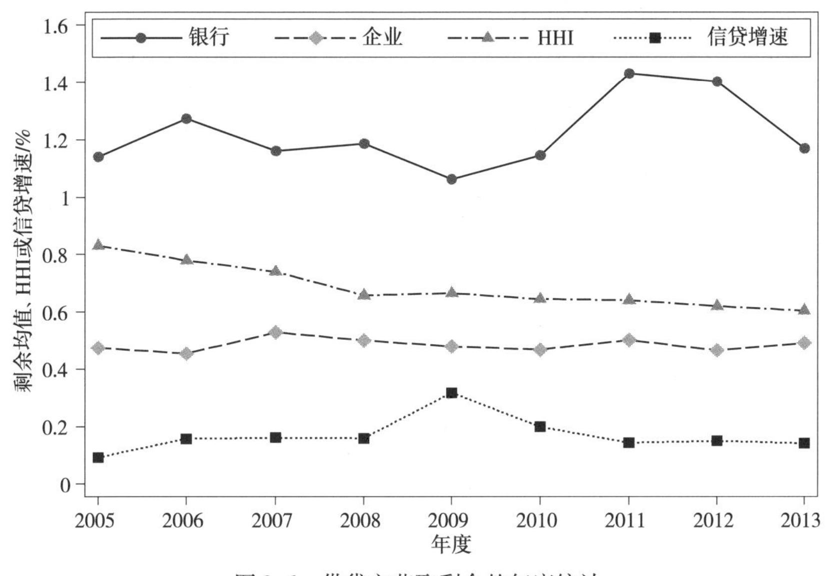

图3.6　借贷方获取剩余的年度统计

从图3.6中可知，样本期各年银行获取的剩余均大于企业获得的剩余，净剩余明显大于零，表明银行凭借特许经营条件和优势始终占据谈判的有利地位，并使贷款的成交价格一直高于公允价格。同时，2005—2013年企业获取的剩余较为稳定，没有随银行业市场集中度的降低[①]而逐年增加，表明银行业市场结构改革并没有显著改善企业的弱势地位，提高他们获取的剩余规模和议价能力。进一步观察发现，银行获取的剩余大体呈现出与我国信贷增速相反的变动趋势，尤其是在2009年等信贷增速最大的年度，银行获取的剩余反而最少。说明在投资规模较大的时期，银行并没有从强劲的信贷需求中获得更多的企业剩余，而是具有“主动”减少获取剩余、压低贷款价格以完成信贷投放任务的动机，这也侧面说明了市场机制在我国信贷资源配置中的基础性作用依然薄弱，政府通过股权控制等方式干预银行经营行为（祝继高 等，2012；李维安 等，2012），使得信贷配给以及行政指令型的信贷投放仍然严重。

3.5.5　稳健性检验

为检验结论的稳健性，对模型4中的成交价格和交易条件变量进行以下替换。

（1）成交价格

为消除贷款质量的影响，模型4定义的成交价格为贷款利息收入与平均贷款净额之比。

---

① 为便于比较，图3.6中对HHI进行了放大10倍处理。

事实上,贷款的成交额应为贷款的账面价值,即计提贷款损失准备前的期末价值,鉴于此,本章重新定义成交价格为贷款利息收入与平均贷款总额之比。基于以上变量估计式(3.20)至式(3.29)可得借贷方获取的剩余及净剩余规模,见表3.6。其他估计结果见附录4。

表3.6　替换成交价格后借贷双方获得的剩余统计

剩余类型	均值/%	标准差/%	Q_1/%	Q_2/%	Q_3/%	Q_4/%
银行获取的剩余	1.194 3	1.089 7	0.384 3	0.750 3	1.583 2	4.722 9
企业获取的剩余	0.474 7	0.316 9	0.340 8	0.341 5	0.436 0	1.834 8
净剩余	0.719 6	1.230 8	−0.051 7	0.408 8	1.242 4	4.382 0

(2)交易条件

在模型4中,影响贷款公允价格的因素包含基本交易条件和银行个体特征两个方面,而在借贷方协商定价的信贷市场中,银行特征因素是影响公允价格还是决定银行的议价能力还有待进一步考证。为此,本章剔除交易条件中的银行特征变量,使模型退化成模型3的形式。基于以上变量估计式(3.20)至式(3.29)可得借贷方获取的剩余及净剩余规模,见表3.7。其他估计结果见附录5。

表3.7　替换交易条件后借贷双方获得的剩余统计

剩余类型	均值/%	标准差/%	Q_1/%	Q_2/%	Q_3/%	Q_4/%
银行获取的剩余	1.269 1	1.134 1	0.467 2	0.804 4	1.635 0	5.246 6
企业获取的剩余	0.464 6	0.260 9	0.341 2	0.356 4	0.465 9	1.584 3
净剩余	0.804 5	1.253 5	0.001 2	0.448 1	1.293 8	4.905 4

重新定义成交价格和交易条件变量后的估计结果均显示,本章的模型设定能较好地反映贷款价格的形成机理,借贷双方谈判议价因素解释了贷款价格波动的近90%。虽然利率受到政府管制,贷款的议价空间受限,但银行凭借特许经营条件和优势具有更强的议价能力,在与企业的价格谈判中处于有利地位,能够获取近3倍于企业的剩余,并促使贷款成交价格高出了公允价格的0.70%。同时,样本期企业获取剩余的变动幅度较小,而银行获取的剩余及净剩余规模均随信贷增速而波动变化,借贷双方的议价能力均没有呈现出与银行业市场结构相一致的变化规律。上述结果表明,本章的研究结论稳健。

本章小结

本章首先建立讨价还价博弈模型探讨了利率市场化条件下贷款价格的形成机制,并从理论层面分析了银行特许权对贷款价格谈判的影响。然后采用双边随机边界模型和2005—2013年我国104家商业银行的数据，实证研究了贷款价格的决定因素，测度了银行凭借特许权形成的议价能力大小及其对贷款价格的影响程度，并分析了银行业市场化改革背景下借贷双方议价能力的变化趋势。

研究发现：①特许权形成的经营条件和优势使银行具有较企业更低的谈判成本，在谈判中表现出更强的议价能力，并使谈判达成较高的贷款价格。②除基准利率外，银行的揽储成本和信贷管理成本、贷款风险、银行业市场集中度以及通货膨胀状况是决定我国贷款价格的主要因素。③借贷双方谈判议价是导致贷款价格波动的重要原因，并且银行在谈判中处于强势地位，其议价能力因素对贷款价格的影响占模型总方差的近80%。④虽然利率管制使贷款的议价空间受限，但银行凭借特许经营条件和优势能获得近3倍于企业的剩余，并使贷款的成交价格高出公允价格0.70%。⑤2005—2013年，银行和企业的议价能力均未呈现出与银行业市场结构相一致的变化规律，银行业市场结构改革没有显著改变借贷方在价格谈判中的不对称地位。

研究表明：特许权不仅使银行能够垄断信贷供给，而且具有信息资源、规模经济等经营优势，形成了较企业更强的议价能力，并在价格谈判中处于强势地位，能够获取更多的剩余，促使贷款的成交价格高于公允价格，直接推高了企业的融资成本。同时，由于市场机制在信贷资源配置中的基础性作用尚未充分发挥，我国的银行业市场结构改革未能有效改善借贷方在贷款价格形成中的不对称地位。因此，降低企业融资成本，需建立相对公平的市场环境，当前需重点改善银行业的市场结构，进一步降低银行业进入门槛，支持民间资本发起设立民营银行、金融租赁公司和消费金融公司等金融机构，建立多层次的银行业金融体系，强化市场竞争；同时，健全商业银行的公司治理机制，完善治理结构，鼓励民间资本投资入股商业银行和参与银行的重组改造；另外，还需积极培育资金价格的市场形成机制，通过建立融资联盟、完善担保机制等方式提升企业对贷款价格的议价能力。

第4章　银行特许权价值的风险自律效应

4.1　引　言

随着金融全球化的快速推进和我国金融领域改革的逐步深入，商业银行风险将呈扩大趋势：一方面，银行业市场结构改革的深入和互联网金融等新兴金融业态对银行业务的冲击将使市场竞争更加激烈，银行将面临更加复杂的经营环境，经营不确定性增加；另一方面，利率管制的放开不仅使银行稳定的保障性收入日趋萎缩，同时也使市场因素在资金价格决定中的作用更加突出，银行的冒险动机更加强烈。在此背景下，如何有效控制银行风险、增强银行业的稳健性是理论界和实务界广泛关注的问题。

虽然大量文献探讨了特许权价值与银行风险的关系，但并没有形成一致的研究范式，特别是缺乏关于银行风险的统一度量标准，见表4.1，这可能是相关文献没有得出明确结论的重要原因。另外，相关研究也忽略了特许权价值会激励银行采取怎样的方式控制风险。这不利于我们正确认识特许权价值与银行风险的关系，尤其是不利于识别特许权价值对银行的哪类风险具有抑制作用。本章基于2003—2013年我国16家上市银行的数据，采用R值度量银行的破产风险，并将其进一步分解为经营风险、风险抵补能力、资产组合风险和杠杆风险，分析金融改革背景下特许权价值对银行风险承担的影响，探讨其传导路径与作用机理。

表4.1　主要文献中银行风险的度量方式及其与银行特许权价值的关系

研究者	风险指标	与银行特许权价值的关系
Keely(1990)	资本资产率	负向
	大额可转让存单更低风险溢价	负向
Saunders 和 Wilson(2001)	市场模型的β值	正向
	市场模型的误差项	正向
Ghosh(2009)	缓冲资本率	正向
	$\frac{\text{风险加权资产}}{\text{总资产}}$	负向

续表

研究者	风险指标	与银行特许权价值的关系
Ghosh(2009)	不良贷款率	负向
	Z 值	正向
Niu(2012)	银行股票日收益的标准差	U 形
	不良贷款率	U 形
	Z 值	U 形
韩立岩、李燕平(2006)	银行股票季度收益率的标准差	负向
李燕平、韩立岩(2008)	$\frac{\text{短期资产}}{\text{短期负债}}$	不相关
	$\frac{\text{中长期资产}}{\text{中长期负债}}$	正向
	贷款损失准备率	不相关
许国新、石琴(2009)	银行股票日收益的标准差	负向
	流动性比率	正向
	资本充足率	正向
曲洪建、孙明贵(2010)	贷款损失准备率	负向
	不良贷款率	不相关

4.2　理论分析

自 Diamond 和 Rajan(1966)提出银行特许权价值概念以来,大量文献从理论层面探讨了特许权价值与银行风险的关系,其中最具代表性的是 Marcus(1984)、Furlong 和 Kwan(2005)的期权模型,Keeley(1990)的状态偏好模型和 Park(1997)的两阶段模型。借鉴 Keeley(1990)的状态偏好模型与 Furlong 和 Kwan(2005)的期权模型思路,本节建立以下模型分析隐性存款保险制度下银行的道德风险和特许权价值的风险自律效应。

4.2.1　基本假设

①假定银行的经营活动为两期:T_0 和 T_1。在 T_1 期,单位支付的现值为 P。

②以 A 表示总资产,B 表示负债,C 表示银行的特许权价值,V 表示自有资本,E 表示股

东权益的价值。假设银行的全部负债均来源于吸收存款，则 T_0 期资产总额 $A_0=V_0+B_0$。

③银行对债务具有无条件偿还义务。假设存款利率为 r，则在 T_1 期银行须向债权人支付每单位 $1+r$ 元的金额。

④假定银行在 T_0 期将资产总额的 m 投资于风险资产 X，将 $1-m$ 投资于风险资产 Y。在 T_1 期，资产 X 和资产 Y 的收益率分别为 x，y；假设资产 X 的风险大于资产 Y，且有 $x>y$，则银行投资于资产 X 的比重 m 越大，银行越趋于冒险，其风险越高。

⑤在 T_1 期，银行的收益状态是严格外生的，资产 A 遵循随机过程，即

$$dA = \alpha A dt + \sigma A dz \tag{4.1}$$

式中，α 为资产 A 的瞬时期望增长率；σ 为资产 A 的收益率的标准差；dz 为标准布朗运动。

4.2.2 银行的道德风险

在（隐性）存款保险制度下，当银行经营失败而出现资产不足以偿还债务时，政府将会向银行注资或补贴以缓解其破产危机①。假设注资或补贴的金额 I_0 为银行资产与负债的缺口，则有：

$$I_0 = B_0 \times (1 + r) \times P - (V_0 + B_0) \times [m \times x + (1 - m) \times y] \times P \tag{4.2}$$

式中，$B_0\times(1+r)\times P$ 为银行存款本息的现值；$(V_0+B_0)\times[m\times x+(1-m)\times y]\times P$ 为银行资产收益的现值。

当银行存款总额 B_0 不变时，自有资本 V_0 和银行风险 m（即银行对高风险资产的配置比例）对政府补贴 I_0 求导，得：

$$\frac{\partial I_0}{\partial V_0}\bigg| B_0 = -[m \times x + (1 - m) \times y] \times P < 0 \tag{4.3}$$

$$\frac{\partial I_0}{\partial m}\bigg| B_0 = -(V_0 + B_0) \times (y - x) \times P > 0 \tag{4.4}$$

式(4.4)中，因为 $x>y$，所以 $(y-x)<0$，因此，有 $\frac{\partial I_0}{\partial m}\Big| B_0 > 0$。

式(4.3)和式(4.4)表明，在存款总额一定时，银行获得的补贴将随其自有资本的增加而下降，随其对高风险资产配置比例的增加而增加。这意味着，为获得更多的政府补贴，银行将进行增持高风险资产或减持自有资本的逆向选择，这将导致银行对风险的过度承担，降低其风险缓释能力，增加了破产风险，即（隐性）存款保险制度下，银行存在道德风险。

4.2.3 银行特许权价值的风险自律效应

当银行资不抵债出现偿付危机时，政府虽然会对银行实施补贴或注资等救助措施，但这

① 按（显性）存款保险制度，当银行出现偿还危机时，保险机构将直接向债权人赔付存款损失。

并不是无偿的，一般会附有救助条件或对问题银行进行惩罚。为简化分析，假定救助条件是政府收购银行股权，即政府接管，此时，对银行的股东而言，其权益的价值为0，即

$$E=\begin{cases}0, & 若\ A<B \\ A-B+C, & 若\ A\geqslant B\end{cases} \tag{4.5}$$

根据 Marcus(1984)的期权模型，E 可进一步表示为：

$$E=[AN(d_1)-e^{-rT}BN(d_2)]+e^{-rT}CN(d_2) \tag{4.6}$$

式中，$d_1=[\ln(A/B)+(r+\sigma^2/2)T]/\sigma\sqrt{T}$，$d_2=d_1-\sigma\sqrt{T}$；$r$ 为无风险利率；T 为从 $T_0\sim T_1$ 的时间区间，即银行的持续经营时间；$N(\cdot)$ 为累积标准正态分布函数。$[AN(d_1)-e^{-rT}BN(d_2)]$ 代表银行股东对资产的 Black-Scholes 看涨期权，$e^{-rT}CN(d_2)$ 表示银行特许权价值的现值。

式(4.6)对资产 A 求偏导并整理得：

$$\frac{\partial E}{\partial A}-1=N(d_1)+\frac{CN(d_2)}{e^{rT}A\sigma\sqrt{T}}-1 \tag{4.7}$$

基于式(4.7)，对不同特许权价值下银行的经营决策分析如下：

①当 $C<\frac{[1-N(d_1)]e^{rT}A\sigma\sqrt{T}}{N(d_2)}$ 时，$\frac{\partial E}{\partial A}<1$，表示银行投入一单位资产带来的股东权益价值小于一单位。当负债 B 一定时，银行通过扩充自有资本的方式增加资产，而 $\partial E<\partial A$，这意味着银行特许权价值较小，以至于增加资本不能带来股东权益价值的相应增加。此时银行将进行逆向选择，采取冒险策略，增持高风险资产以获取经营成功时的收益，而在经营失败时将损失转嫁给政府。

②当 $C\geqslant\frac{[1-N(d_1)]e^{rT}A\sigma\sqrt{T}}{N(d_2)}$ 时，$\frac{\partial E}{\partial A}\geqslant 1$，表示特许权价值较大，使得银行增加资产投入能提升股东权益价值。在这种情况下，银行若因风险较大而被接管，股东将失去特许权价值带来的额外权益。此时银行的最佳选择是采取稳健经营策略，减持高风险资产，避免破产而失去特许权价值，同时增加资本投入，扩大资产规模以获取特许权价值赋予的额外收益。

从以上分析可知，在(隐性)存款保险制度下，银行将进行增持高风险资产、维持高杠杆经营的逆向选择，具有极大的道德风险。银行特许权价值能为股东带来额外的收益，促使银行权衡高风险经营获得的收益和特许权价值丧失遭受的损失，特许权价值较高时，银行将采取谨慎的经营策略，增加资本投入，降低风险承担。因此，维持较高的银行特许权价值有助于协调银行的经营目标和政府的监管目标，保持银行经营的稳健性。

4.3 研究设计

4.3.1 变量设定

(1)银行风险的计量与分解

参考 De Nicolo 等(2000)、Stiroh 和 Rumble (2006)、Laeven 和 Levine(2009)等的研究,以资不抵债表示银行破产①,则破产风险为银行资本不能抵补亏损的可能性,即银行破产风险等于亏损超过净资产的概率:$P(\pi+E\leqslant 0)$。其中,π 为银行净利润;E 为核心资本。

为便于分析,分别对它们进行除以资产总额 A 的标准化处理,则银行破产风险为:

$$P(\pi \leqslant -E) = P(r \leqslant -k) = \int_{-\infty}^{-k} F(r)\,\mathrm{d}r \tag{4.8}$$

式中,$r=\pi/A$ 为银行总资产收益率;$k=E/A$ 为银行杠杆率。

假设银行利润服从均值为μ、方差为 σ^2 的正态分布,其概率密度函数为 $F(r)$,根据切比雪夫不等式,则有:

$$P(r \leqslant -k) \leqslant \frac{\sigma^2}{(\mu + k)^2} = \frac{1}{Z^2} \tag{4.9}$$

即

$$Z = \frac{\mu + k}{\sigma} \tag{4.10}$$

式中,Z 即为银行破产风险,Z 值越大,银行资不抵债的概率越低,破产风险越小。

银行风险实质由经营不确定性和银行对经营不确定性的覆盖能力构成②。在破产风险中,它们分别为 σ 和$(\mu+k)$,其中,σ 越大,银行经营的稳定性越差,破产风险越大;μ 和(或)k 越大,银行对风险的抵补能力越强,破产概率越低。因此,借鉴张健华和王鹏(2012)的方法,将 Z 值纵向分解为 σ 和$(\mu+k)$,前者表示银行风险行为或客观因素导致的经营不确定性,即经营风险;后者表示银行的资本和收益对经营风险的覆盖状况,即风险抵御能力。

同时,采用 Lepetit 等(2008)的方法,将 Z 值进一步横向分解为(μ/σ)和(k/σ),前者为资产组合风险,表示银行优化资产组合、强化资源配置而降低的经营不确定性,该值越小,表

---

① 虽然目前我国银行业还没有完善的市场退出机制,并且在隐性存款保险制度下,银行即使资不抵债,其破产的概率仍较小,但 Z 值仍是衡量银行经营稳健性的理想指标,并且在国内实证文献中广泛采用(张健华 等,2012;徐明东 等,2012;张雪兰 等,2012)。另外,随着银行业改革的深入,特别是当前存款保险制度即将建立的背景下,银行破产将现实可能,研究银行破产风险具有实际意义。

② 在监管实践中,监管当局一般通过促使银行减少风险行为和提高风险抵补能力来降低银行风险承担,比如,我国的《商业银行风险监管核心指标》除了规定银行的"流动性比率不应低于 25%,不良资产率不应高于 4%"外,同时还规定了银行的"资产利润率不应低于 0.6%,核心资本充足率不应低于 4%"。

明银行盈利能力越差,未能有效抵御经营风险而导致的破产概率越高;后者为杠杆风险,表示银行通过增加自有资本、提高资本资产比率而覆盖的经营风险,该值越小,表明银行资产过度扩张以至于不能有效控制经营波动而造成的破产风险越大。

基于以上分析,本章定义银行经营风险 Z_1、风险抵御能力 Z_2、资产组合风险 Z_3 和杠杆风险 Z_4 分别为:

$$Z_1 = \sigma;\ Z_2 = \mu + k;\ Z_3 = \frac{\mu}{\sigma};\ Z_4 = \frac{k}{\sigma}$$

另外,考虑到数据的可获得性,本章定义 μ、σ 和 k 分别为银行总资产收益率的 3 年均值、标准差、银行杠杆率的 3 年均值。

(2)特许权价值的度量

特许权价值是银行在持续经营中利用特许经营条件和优势获得的超额收益的净现值,因此,现有文献一般基于银行资产(或资本)的市场价值超过账面价值的程度来反映银行特许权价值。国外实证文献中,托宾 Q 是银行特许权价值的常用度量指标(Keeley,1990;Demsetz et al,1996;Ghosh,2009)。在对我国银行特许权价值的早期研究中,由于上市银行数量较少,且证券市场有效性较差,托宾 Q 较难真实反映银行的经济租金,国内文献采取其他方法度量银行特许权价值。

陆前进(2002)认为,银行特许权价值的本质是银行获得的超额利润,他定义银行特许权价值 FV 为(资产负债法):

$$FV = \frac{[(1 - R - R^*)D + KD]E_{ri} - r_D D - r_C C}{1 + \delta}$$

式中,R 为银行法定存款准备金率;R^* 为银行超额存量准备金率;D 为存款额;C 为资本金;K 为用于投资的资本金与存款的比率;E_{ri},r_D 分别为银行稳健投资的平均收益率和存款利率;r_C,δ 分别为在完全竞争条件下资本金的平均利润率和贴现率。

该公式虽然一定程度地反映了银行过去和当前的超额收益,但却没有考虑除资金利息以外的其他成本费用,高估了银行利润,同时,该公式没有考虑银行未来的收益状况,未能体现银行特许权价值的内涵。

李艳(2006)认为,银行获得的超额利润应由会计利润与机会成本构成,并且税收应为超额利润的重要部分,在此基础上,他提出了单位资本银行特许权价值(UBFV)的概念,其计算公式为(税前利润法):

$$\text{UBFV} = v(\text{ROE}^* - r_f)$$

式中,$v=1/(1+\delta)$ 为贴现因子;ROE^* 为银行税前资本利润率;r_f 为资本的无风险收益率。

该公式实质为折现后的银行风险收益率,且 v 和 r_f 对每家银行都相同,特许权价值仅因银行的 ROE^* 而异,这与银行特许权价值的实质不符。

鉴于资产负债法和税前利润法的缺点,特别是随着上市银行数量的增加和样本代表性的增强,近年来,国内文献也大多采用托宾 Q 度量银行特许权价值(李燕平 等,2008;许国新 等,2009;曲洪建 等,2010)。托宾 Q 通过计算资产(或资本)市值与重置成本的比率来度量银行的经济租金,反映了银行特许权价值的构成和来源,同时也使得不同规模银行的特许权价值具有可比性。鉴于此,本章沿用一般方法,以托宾 Q 表示银行特许权价值,其计算公式为:

$$Q_i(t) = \frac{E_m^i(t) + L_b^i(t)}{A_b^i(t)} \tag{4.11}$$

式中,i 为第 i 家银行;t 为第 t 年;$Q_i(t)$ 为托宾 Q 值,表示银行特许权价值;$E_m^i(t)$ 为银行所有者权益的市场价值,等于银行年末股票数量与股票价格的乘积;$A_b^i(t)$ 和 $L_b^i(t)$ 分别为资产和负债的账面价值。

(3)控制变量的选择

银行风险不仅受特许权价值的影响,而且还与银行经营状况、行业市场结构、宏观经营环境等因素有关。借鉴国内外关于银行风险的相关研究,选取银行的资产规模、资产质量、资产配置情况、资本充足性、流动性、银行业市场集中度、金融深度以及通货膨胀率作为控制变量。

各类变量的定义及计算方式见表4.2。

表4.2 变量的定义及计算方式

变量名称	变量标识	定义(计算方式)
破产风险	Z	$\frac{\text{杠杆率+总资产收益率}}{\text{总资产收益率的标准差}}$
经营风险	Z_1	总资产收益率的标准差
风险抵御能力	Z_2	杠杆率+总资产收益率
资产组合风险	Z_3	$\frac{\text{总资产收益率}}{\text{总资产收益率的标准差}}$
杠杆风险	Z_4	$\frac{\text{杠杆率}}{\text{总资产收益率的标准差}}$
特许权价值	Q	托宾 Q
资产规模	$\ln A$	资产总额的自然对数
资产质量	NPL	不良贷款率
资产配置	LDR	贷存比
流动性	LDX	$\frac{\text{流动性资产}}{\text{活期存款}}$
资本充足性	CAR	资本充足率
市场集中度	HHI	赫芬达尔指数
金融深度	FD	$\frac{\text{人民币贷款额}}{\text{社会融资总额}}$
通货膨胀	CPI	略

4.3.2　数据来源与样本描述

自加入世界贸易组织以来，外资银行加快布局中国金融市场，同时我国的利率市场化改革和银行业市场结构改革也加速推进，存贷款利率及其他资金价格的浮动区间逐步扩大，市场竞争日趋激烈，银行优越的特许经营条件逐步改变。鉴于此，本章以2003年作为分析的起点，选取2003—2013年我国16家上市商业银行为样本。这些银行的总资产占全部银行资产总额的近65%，公司治理结构和信息披露制度较为完善，具有一定的代表性。数据来源于各商业银行年报和统计年鉴。数据描述见表4.3和表4.4。

表4.3　样本期我国上市银行特许权价值和风险统计

年度	统计量	Q	Z	Z_1	Z_2	Z_3	Z_4
2003	均值	1.074 8	4.117 4	0.000 7	0.042 6	1.765 9	4.010 5
	标准差	0.009 2	0.401 1	0.000 3	0.008 0	0.409 5	0.416 2
2004	均值	1.038 9	4.572 3	0.000 5	0.037 4	2.248 2	4.464 4
	标准差	0.013 2	0.814 9	0.000 3	0.004 8	0.938 3	0.807 7
2005	均值	1.034 2	4.435 9	0.000 5	0.032 3	2.244 1	4.314 3
	标准差	0.010 6	0.757 0	0.000 2	0.006 4	0.904 9	0.743 1
2006	均值	1.105 9	4.093 8	0.000 9	0.041 0	2.008 9	3.960 1
	标准差	0.037 1	0.909 7	0.000 8	0.015 1	0.953 2	0.904 2
2007	均值	1.220 5	3.586 0	0.001 7	0.054 7	1.597 4	3.437 1
	标准差	0.150 4	0.645 9	0.000 9	0.017 7	0.606 5	0.655 7
2008	均值	1.019 7	3.497 8	0.002 0	0.062 0	1.551 0	3.341 0
	标准差	0.033 4	0.675 9	0.000 9	0.021 2	0.599 2	0.693 3
2009	均值	1.077 6	3.928 6	0.001 5	0.065 2	2.013 9	3.764 5
	标准差	0.065 9	0.695 2	0.001 0	0.022 2	0.679 3	0.706 2
2010	均值	1.020 7	3.908 3	0.001 5	0.061 8	2.035 7	3.738 6
	标准差	0.031 2	0.623 6	0.001 0	0.015 5	0.678 3	0.618 5
2011	均值	1.000 4	4.076 9	0.001 3	0.063 0	2.220 0	3.905 4
	标准差	0.022 2	0.686 6	0.000 6	0.009 8	0.698 2	0.687 1
2012	均值	0.994 8	4.463 8	0.000 9	0.066 3	2.630 9	4.288 1
	标准差	0.021 5	0.614 4	0.000 5	0.007 9	0.605 8	0.618 6
2013	均值	0.993 4	5.154 2	0.000 5	0.068 8	3.329 9	4.977 1
	标准差	0.018 7	0.658 2	0.000 3	0.006 2	0.692 0	0.652 9

表 4.4 变量的描述性统计

变量	均值	标准差	最小值	最大值
Z^*	4.141 5	0.815 3	2.301 7	6.597 7
Z_1	0.059 0	0.017 3	0.022 0	0.116 2
Z_2	0.001 2	0.000 9	0.000 1	0.004 2
Z_3	2.196 0	0.850 1	0.173 8	4.872 5
Z_4	3.982 9	0.815 1	2.146 3	6.401 5
Q	1.046 2	0.090 4	0.932 7	1.619 8
$\ln A$	14.254 5	1.366 3	11.232 0	16.755 6
NPL	0.016 6	0.017 5	0.003 6	0.114 1
LDR	0.708 1	0.071 7	0.556 0	0.947 7
LDX	0.817 3	0.414 6	0.119 7	2.118 7
CAR	0.118 3	0.033 3	0.023 0	0.301 0
HHI	0.069 4	0.011 3	0.060 4	0.107 5
FD	0.625 6	0.094 2	0.515 0	0.810 6
CPI	3.182 8	1.969 0	-0.700 0	5.900 0

注：* 处为便于分析，文中对 Z, Z_3, Z_4 均取自然对数。

总体而言，样本期我国商业银行的风险抵御能力逐年增强，而破产风险、经营风险、资产组合风险和杠杆风险均以 2008 年为界呈现出先升后降的变动趋势。表明由于历史原因和市场竞争的加剧，银行风险逐年累计，并在 2008 年金融危机期间达到最大，之后随着政府注资、不良贷款核销等政策的作用逐渐显现，特别是银行自身的风险管理能力稳步提升，银行风险大幅下降。同时，样本期银行的杠杆风险均小于资产组合风险，表明我国商业银行主要通过增加自有资本、提高资本充足性来增强经营的稳健性。

我国银行的特许权价值除 2005—2007 年随股市繁荣而快速提高外，其他年度均较为稳定。表明行业进入门槛的降低、利率管制的放松虽然淡化了银行过去优越的特许经营条件，稀释了银行源于金融管制因素的特许权价值，但市场化改革同时也激发了市场主体的经营活力，使银行的自主经营空间进一步扩大，资源配置和经营管理效率显著增强，运用特许经营条件和优势获取超额收益的能力明显提升，提高了特许权价值，这二者的共同作用使银行的特许权价值表现较为平稳。

自 2003 年中国银监会成立和《银行业监督管理法》颁布实施以来，我国银行业监管步入规范化、法治化轨道，金融监管对银行的约束能力明显增强，银行的资本充足性、流动性、资产质量等监管指标逐年提高。另外，伴随外资银行的进入和市场结构的多元化，银行业的市场集中度逐年下降。限于篇幅，对其他变量的统计特征文中不再赘述。

4.3.3　实证模型与估计方法

现有文献一般建立静态模型并采用普通最小二乘法(Demsetz et al,1996)、两阶段最小二次法(李燕平 等,2008)或广义最小二乘法(许国新 等,2009)分析特许权价值与银行风险的关系。Stolz(2007)、Demirgüc-Kunt 和 Huizinga(2010)指出,银行风险具有持续性,银行会根据前期的风险状况调整经营策略。Ghosh(2009)、Niu(2012)的研究也表明,考虑前期风险因素的动态模型能更好地捕捉银行的风险信息。鉴于此,本章建立以下动态面板模型分析特许权价值对银行风险的影响。

$$R_{i,t}=\beta_0+\beta_1 R_{i,t-1}+\beta_2 Q_{i,t}+\beta_3 \ln A_{i,t}+\beta_4 \mathrm{NPL}_{i,t}+\beta_5 \mathrm{LDR}_{i,t}+\beta_6 \mathrm{LDX}_{i,t}+\beta_7 \mathrm{CAR}_{i,t}+\beta_8 \mathrm{HHI}_{i,t}+\beta_9 \mathrm{FD}_{i,t}+\beta_{10} \mathrm{CPI}_{i,t}+\varepsilon_{i,t} \tag{4.12}$$

式中,i 为第 i 家银行;t 为第 t 年;ε 为随机误差项;R 为银行破产风险 Z、经营风险 Z_1、风险抵御能力 Z_2、资产组合风险 Z_3 或杠杆风险 Z_4。

由于以被解释变量的滞后项作为解释变量会使模型存在内生性,采用面板数据固定效应或随机效应方法得到的估计量将是有偏且非一致的,由其推导的经济含义也将会扭曲。为解决此问题,本章采用广义矩(GMM)方法估计式(4.12)。

GMM 是使模型实际参数满足一定矩条件而形成的参数估计方法。在动态面板模型中,GMM 通过设置工具变量或差分的方式来控制不可观测的个体或时间效应,并使用滞后的被解释变量或前期的解释变量作为工具变量以克服双向因果关系导致的内生性问题。同时,GMM 不要求误差项的准确分布信息,允许模型存在序列相关和异方差,能顾及样本的异质性,所得参数估计量也较其他方法更符合实际。针对动态面板模型,GMM 可分为系统广义矩估计(SYS-GMM)和差分广义矩估计(DIF-GMM)两大类。一般而言,DIF-GMM 可能存在由小样本和弱工具变量引起的估计偏误,而 SYS-GMM 不仅具有较好的有限样本特征,能更充分利用样本信息,而且在估计时将滞后的一阶差分变量代理水平变量的方程与滞后的水平变量代理一阶差分变量的方程结合起来,提高了工具变量的有效性。鉴于此,本章采用 SYS-GMM 对模型进行估计。

另外,为便于比较并增强结论的稳健性,本章除设定上述动态面板模型并采用 GMM 估计外,还设定不包含被解释变量滞后项的静态面板模型,并采用广义最小二乘法(GLS)估计以消除模型潜在的异方差与序列相关问题。

4.4　实证结果及分析

4.4.1　模型估计

采用 Stata 12.0 进行 GMM 和 GLS 估计,结果见表 4.5 和表 4.6。

表 4.5 特许权价值与银行破产风险、经营风险以及风险抵御能力的回归结果

变量	破产风险		经营风险		风险抵御能力	
	GMM	GLS	GMM	GLS	GMM	GLS
lag Z	0.556 8***	—	—	—	—	—
	0.048 9	—	—	—	—	—
lag Z_1	—	—	0.496 4***	—	—	—
	—	—	0.058 8	—	—	—
lag Z_2	—	—	—	—	0.715 8***	—
	—	—	—	—	0.033 2	—
Q	3.693 3***	3.221 6***	0.003 8	0.002 6	0.009 0**	0.050 6***
	0.931 0	0.802 0	0.011 2	0.001 8	0.003 8	0.008 8
ln A	0.050 7*	0.077 3	−0.000 1*	−0.000 1**	0.000 4	−0.000 8
	0.027 3	0.055 8	0.000 0	0.000 1	0.000 4	0.000 9
NPL	−0.446 9	4.750 2	−0.000 8	−0.005 6	−0.014 0	0.069 2
	2.678 1	5.877 0	0.002 1	0.006 7	0.019 3	0.072 3
LDR	1.146 7**	1.268 3*	−0.000 9*	−0.001 6**	0.005 8	−0.008 5
	0.530 1	0.784 1	0.000 4	0.000 7	0.008 8	0.010 9
LDX	0.020 5	0.108 4	−0.000 1	−0.000 2	−0.002 0	−0.004 9***
	0.141 5	0.174 4	0.000 2	0.000 2	0.001 2	0.001 7
CAR	7.065 0***	5.262 2**	−0.005 0*	−0.000 0	0.163 6***	0.319 2***
	1.398 4	2.209 0	0.002 6	0.002 5	0.018 3	0.041 9
HHI	23.760 8**	23.540 6***	−0.033 4***	−0.038 8***	0.280 8**	0.271 6**
	9.177 7	8.638 0	0.011 3	0.009 4	0.119 8	0.109 4
FD	−2.242 5**	−3.469 0***	0.002 2**	0.004 0***	0.006 1	−0.036 0***
	1.013 5	0.933 7	0.001 0	0.000 8	0.010 5	0.010 9
CPI	−0.106 4***	−0.137 6***	0.000 1***	0.000 2***	−0.000 2	−0.000 9***
	0.035 0	0.026 1	0.000 0	0.000 0	0.000 2	0.000 3
_cons	3.499 6**	5.692 1***	−0.000 5	0.001 4	−0.001 4	0.137 1***
	1.466 5	1.954 4	0.001 4	0.002 1	0.013 7	0.028 4
AR(1) Test (P)	0.030 0	—	0.038 0	—	0.086 0	—
AR(2) Test (P)	0.372 00	—	0.458 0	—	0.205 0	—
Sargan Test (P)	0.208 0	—	0.304 0	—	0.400 0	—

续表

变量	破产风险		经营风险		风险抵御能力	
	GMM	GLS	GMM	GLS	GMM	GLS
Hansen Test (P)	1. 000 0	—	1. 000 0	—	1. 000 0	—

注:①lag Z, lag Z_1 ,lag Z_2 分别为总风险、经营风险和风险抵御能力的滞后一期;

②*, **, *** 分别表示在 1% ,5% 和 10% 的水平下显著,下同。

表 4. 6 特许权价值与银行资产组合风险、杠杆风险的回归结果

变量	资产组合风险		杠杆风险	
	GMM	GLS	GMM	GLS
lag Z_3	0. 544 9***	—	—	—
	0. 049 2	—	—	—
lag Z_4	—	—	0. 560 7***	—
	—	—	0. 049 0	—
Q	3. 527 1***	2. 868 7***	3. 708 8***	3. 265 0***
	0. 844 4	0. 789 3	0. 944 2	0. 807 5
ln A	0. 074 2**	0. 143 8***	0. 046 0	0. 065 8
	0. 027 0	0. 055 0	0. 027 7	0. 056 2
NPL	-3. 077 3	-3. 522 8	-0. 105 3	5. 756 8
	2. 358 0	5. 762 8	2. 750 7	5. 903 8
LDR	1. 028 1*	1. 321 8*	1. 153 2**	1. 253 7
	0. 550 1	0. 777 0	0. 530 3	0. 788 1
LDX	0. 004 3	0. 146 7	0. 021 3	0. 098 5
	0. 157 3	0. 174 9	0. 139 6	0. 175 1
CAR	5. 506 9***	4. 879 5**	7. 284 4***	5. 321 9**
	1. 342 3	2. 155 6	1. 413 4	2. 226 5
HHI	20. 609 8**	21. 661 0**	24. 166 9**	23. 755 8***
	7. 685 3	8. 571 0	9. 365 1	8. 689 7
FD	-2. 241 9**	-3. 378 1***	-2. 244 0**	-3. 470 5***
	0. 982 2	0. 925 7	1. 018 8	0. 939 3

续表

变量	资产组合风险		杠杆风险	
	GMM	GLS	GMM	GLS
CPI	-0.102 9**	-0.128 9***	-0.106 6***	-0.138 5***
	0.035 5	0.025 9	0.035 0	0.026 3
_cons	2.700 9*	2.570 6	3.431 4**	5.730 7***
	1.462 3	1.924 4	1.476 0	1.967 4
AR(1) Test (P)	0.042 0	—	0.028 0	—
AR(2) Test (P)	0.247 0	—	0.391 0	—
Sargan Test (P)	0.212 0	—	0.205 0	—
Hansen Test (P)	1.000 0	—	1.000 0	—

注：lag Z_3，lag Z_4 分别为资产组合风险和杠杆风险的滞后一期。

采用GMM对式(4.12)的估计结果显示，在10%的显著性水平下AR(1)检验拒绝原假设，而AR(2)检验、Sargan检验和Hansan检验均不能拒绝原假设，表面模型残差存在一阶序列相关而不存在显著的二阶序列相关，并且工具变量约束有效，说明本章的动态面板模型设定较为合理。另外，从GMM与GLS两种方法估计结果的对比来看，各变量的符号与显著性基本保持一致，说明本章实证结果的稳定性。

4.4.2 模型分析

基于模型估计结果，对各变量与银行风险关系的分析如下。

(1)银行特许权价值

特许权价值变量与银行破产风险具有显著的负向关系①，表明特许权价值具有约束银行风险承担的自律效应。在隐性存款保险制度下，虽然我国商业银行破产清算的概率较小，但随着银行业改革的持续深入，市场竞争日趋激烈，行业监管更加严格，风险较大的银行不仅将失去较多的客户或其他市场资源，而且会受到监管当局较为严厉的惩罚，这将导致其市场声誉与竞争优势丧失，同时业务领域与经营范围也会受到限制②，制约了银行运用特许权创造价值的能力。因此，银行的特许权价值越高，承担风险的机会成本就越大，为避免过高风险而造成的特许权经营条件和优势丧失，银行将进行积极的风险管理，减少风险暴露。

① 由4.2对银行风险的定义可知，Z，Z_3，Z_4，Z_2 越大，银行的破产风险、资产组合风险和杠杆风险越小，风险抵御能力越强，而 Z_1 越大，银行的经营风险越大。因此，以 Z 为被解释变量的模型中，Q 的系数为正，表明特许权价值与银行风险具有负向关系。其他变量与风险关系的解释与此类似。

② 例如，我国《商业银行资本管理办法》规定，对于未达到监管要求的商业银行，银监会可采取“责令商业银行停办一切高风险资产业务；限制或禁止商业银行增设新机构、开办新业务；责令商业银行调整董事、高级管理人员或限制其权利”等监管惩罚措施，甚至可以“依法对商业银行实行接管或者促成机构重组，直至予以撤销”。

特许权价值与银行经营风险的关系不显著，表明特许权价值更大的银行未能表现出更高的经营稳定性。这可能是因为银行经营的不确定性是由客观因素导致的，银行自身无法控制，也可能是因为特许权价值未能有效激励银行降低高风险的经营行为。特许权价值与银行风险抵御能力具有显著的正向关系，表明当经营风险一定时，特许权价值越高的银行越有动力提高资本与收益，增强对风险的抵补程度和覆盖能力，以降低风险承担。

在以资产组合风险和杠杆风险为被解释变量的回归模型中，特许权价值变量的系数均显著为正，且大小无明显差异，表明银行特许权价值的自律效应主要通过控制资产组合风险和杠杆风险实现的。较高的特许权价值不但能促使银行优化资产组合、提高盈利能力以增强对经营风险的覆盖，而且能激励银行扩大资本规模、减少资产负债的过度扩展以增强经营的稳健性。这两者的共同作用将有效增强银行对经营风险的抵御能力，降低风险承担以避免遭受监管惩罚而丧失特许经营条件和优势。

综上所述，特许权价值虽然未能促使我国商业银行增强经营的稳定性，但能有效激励其进行积极的风险管理，通过提高盈利能力、增持自有资本等方式提升抗风险能力。

(2)银行个体特征变量

在各动态面板模型中，风险变量的一阶滞后项均显著为正，表明银行会根据上一期的风险状况调整风险管理策略，银行风险具有明显的延续性。总体而言，资产规模与银行风险具有负向关系，这与 Furlong 和 Kwan(2006)的“银行太大而不容易倒闭”观点较为一致，说明规模越大的银行经营的稳定性越好，风险控制能力越强；同时也间接说明了特许权赋予银行的规模经济优势能够有效激励其控制风险①。

资产质量与银行各类风险的关系均不显著，这可能是因为本章选取的样本均为上市银行，资产质量相对较好，特别是大型国有银行上市前均进行了大规模的不良资产处置，不良贷款率较低，不足以形成明显的银行风险。流动性比率与银行风险的关系不显著，其可能的原因是，在我国货币市场不完善、银行业投资领域有限以及政府的隐性担保条件下，银行的流动资产相对过剩(陈锋，2008)，流动性短缺暴露较少，未对银行风险构成显著影响。

资产配置状况与银行风险具有负向关系，贷存比率越高，银行风险越低，表明在流动性相对充足且存贷利差较大的情况下，银行扩张成熟的传统信贷业务，扩大贷款规模能获得更多且更稳定的收益，有助于减少经营的不确定性，增强经营的稳健性。资本充足性对银行风险具有重要影响，在各模型中，资产充足率与风险显著负相关，表明提高资本充足率能促使银行减持高风险资产或增持资本，有效控制风险承担，增强对风险的覆盖与缓释能力。

(3)经营环境变量

在各模型中，市场集中度与银行风险具有负向关系，高度集中的市场结构有利于银行与客户建立长期稳定的银企关系，增强经营的稳健性，而激烈竞争的市场环境不仅加大了银行

---

① 特许权使银行能够利用高杠杆快速形成规模化经营(Demsetz et al，1996)。规模越大的银行不仅交易成本越低，而且占据的市场资源越多，竞争优势越明显。为充分利用规模经营优势，银行将积极有效地控制风险，避免破产清算或遭受处罚而丧失规模扩张能力。

经营的不确定性,迫使其采取高风险经营策略以争夺市场资源,而且降低了利润水平,削弱了对风险的覆盖能力。金融深度变量与银行风险正相关,表明贷款占社会融资总额的比重越大,经济体对信贷资源的依赖程度越高,银行经营更容易受经济波动和宏观政策的影响,风险愈加集中,收益的不确定性更大。通货膨胀率与银行风险具有正向关系,作为对利率高度敏感的行业,通货膨胀状况直接关系到资金价格的高低,较高的通货膨胀率不仅增加了银行的信贷风险,而且使银行承担了较大的市场风险,经营的稳健性更差。

本章小结

本章首先借鉴 Keeley(1990)的状态偏好模型与 Furlong 和 Kwan(2005)的期权模型,分析了隐性存款保险制度下银行的道德风险和特许权价值抑制银行风险承担的自律效应。然后以常用的 Z 值度量银行破产风险,并将其横向分解为杠杆风险与资产组合风险,纵向分解为经营不确定性与风险覆盖能力。在此基础上,建立动态面板模型并采用 2003—2013 年我国 16 家上市商业银行的数据和系统广义矩(GMM)估计方法,实证研究了特许权价值与银行各类风险的关系,分析了特许权价值激励银行降低风险承担的途径和方式。

研究发现:①样本期我国商业银行的风险抵御能力逐年提高,破产风险、经营风险、资产组合风险和杠杆风险均呈现出先升后降的变化趋势,银行主要通过提高资本充足性来增强经营的稳健性。②我国银行的特许权价值具有抑制银行风险的自律效应,商业银行为避免过度风险承担而遭受监管惩罚或丧失市场资源,保持特许经营条件和优势,将进行积极的风险管理,采取审慎的运营策略。③特许权价值的风险自律效应主要通过促使银行增强风险抵御能力、降低资产组合风险和抑制杠杆风险实现,较高的特许权价值将激励银行优化资产组合、扩大资本资产比率以增强对经营不确定性的覆盖,降低经营风险。

研究表明:银行特许权虽然具有推高企业融资成本的负面效应,但也具有激励银行控制风险的积极效果,提高特许权价值能促使银行增强风险覆盖能力、降低资产组合风险和杠杆风险。随着我国银行业市场竞争的加剧、政府对银行的隐性担保制度的废除和银行破产制度的建立健全,商业银行风险将逐步暴露,在此背景下,有效控制银行风险,保持银行经营的稳健性,不仅需要监管当局强化监管要求,督促商业银行减少风险行为,更需要商业银行在经营活动中采取积极的风险管理策略,主动降低风险承担。这就需要保持适当的银行特许权价值,发挥特许权价值的风险自律效应。因此,在当前金融改革导致银行特许经营环境逐步变化的条件下,积极探寻提高银行特许权价值的途径和方式显得尤为迫切,且具有重要意义。

第5章　银行经营效率与特许权价值的关系

5.1 引　言

本书上一章分析发现,特许权价值具有激励银行控制风险的自律作用,特许权价值越高的银行将越有积极性通过提高风险覆盖能力、优化资产组合、扩大资本资产比率等方式降低风险承担。然而,随着改革的深入,我国严格管制的金融环境将逐渐改变,银行过去优越的特许经营条件将逐步淡化,来源于金融管制因素的银行特许权价值将呈下降趋势:首先,民营银行的发起设立将使银行业的市场结构进一步多元化,市场竞争更加激烈;其次,利率管制的放开将使存贷利差逐步收窄,银行的保障性收入日趋萎缩;最后,存款保险制度的建立将使风险担保机制显性化,银行的风险行为将直接与其经营成本和破产概率挂钩。在此背景下,深入讨论银行特许权价值的决定因素,积极探寻提高特许权价值的方式显得尤为迫切,且对金融改革的深入推进和银行业的稳健运行都具有重要意义。

银行业是管理密集型且具有高附加值的特殊行业。一方面,银行有效利用内外部条件、合理配置资源、优化资产组合、提高经营效率能显著增强价值创造能力。另一方面,由第2章的分析可知,银行取得经营许可证仅仅意味着其可以获得竞争限制、利率管制、政府隐性担保等金融政策为其创造的经营条件,以及能够凭借银行业的产业属性和功能特点,在规模经济、信息资源、市场声誉等方面形成经营优势,而这些条件和优势属于客观、外在因素,它们创造价值的多寡则取决于银行资源配置能力的强弱。在相同的经营环境中,银行的经营效率越高,越能利用特许经营条件、发挥特许经营优势以获得更多的超额收益,银行特许权价值可能越大。现有文献虽然从经济环境、市场结构以及银行个体特征等层面深入研究了银行特许权价值的决定因素,但没有探讨生产要素以外的因素如经营效率与银行特许权价值的关系,这不利于我们对银行特许权价值形成更全面的认识。

另外,虽然大量文献研究了我国商业银行效率(张健华 等,2010;姚树洁 等,2011;柯孔林 等,2013),但大多采用一般随机边界分析方法,这种方法将客观因素导致的个体异质性混同于生产无效率,可能导致对效率估计的偏误,影响测算结果的准确性。

鉴于此,本章采用个体效应随机边界模型测算我国商业银行的技术效率,并计算技术效率变化、技术进步、规模效率变化和广义 Malmquist 全要素生产率指数,在此基础上分析它们与银行特许权价值的关系,探讨资源配置效率影响银行特许权价值的机理与作用路径。

5.2 研究设计

本章首先基于个体效应随机边界模型计算并分解银行的广义 Malmquist 全要素生产率指数,然后用它们与银行特许权价值变量建立回归模型,分析经营效率与银行特许权价值的关系。

5.2.1 全要素生产率测算模型

采用广义 Malmquist 全要素生产率指数(TFP)及其分解项作为衡量银行经营效率的指标。TFP 通过测算参考技术下投入产出向量从时期 s 到时期 t 的径向距离,来度量除有形生产要素以外的其他因素(如技术革新、优化要素组合、规模经济、范围经济等)导致的生产率的增减变动情况,是生产单位资源配置效果与持续发展能力的综合反映,在效率评价中广泛采用。现有文献主要基于数据包络分析(DEA)方法计算 TFP,但这种非参数方法将统计噪声视作生产无效率,降低了效率估计的准确性。另外,DEA 法在估计生产效率时事先假定了一个凹的产出前沿或一个凸的生产可能性集,而当生产单位的生产函数为拟凹或拟凸时,无法有效地测量其效率水平(Petersen,1990;Chang,1999)。鉴于本章涉及了 16 家银行 12 年的数据,不考虑随机误差影响的计算结果可能有失偏颇,故采用随机边界分析(SFA)方法以更有效地测算银行的 TFP。

SFA 最早由 Aigner 等(1977)、Meeusen 和 Broeck(1977)分别独立提出,它设定富有弹性的前沿生产函数以反映生产单位的生产要素组织形式,能一定程度地避免效率测度中生产函数误设问题。同时,它将误差项分离为反映无效率程度的单边误差项和反映统计噪声的随机误差项,能有效克服 DEA 法将"运气"、测量误差等视作无效率的缺陷。传统的随机边界模型将不可观测的生产单位个体异质性混同于生产无效率,这可能会导致对效率估计的偏误。Greene(2005)提出了将个体效应与无效率项分离的随机边界模型,设置个体效应以控制不属于生产无效率的个体异质性,能一定程度地提高估计结果的一致性与准确性。个体效应随机边界模型的面板数据形式为:

$$\begin{cases} Y_{it} = f(x_{it};\beta) + \alpha_i + v_{it} \pm u_{it} \qquad i = 1,2,\cdots,I; \quad t = 1,2,\cdots,T \\ v_{it} \sim N(0,\sigma_v^2) \\ u_{it} = |U_{it}|, U_{it} \sim N(0,\sigma_u^2) \text{ 且独立于 } v_{it} \end{cases} \tag{5.1}$$

式中,i 为第 i 个生产单位;t 为第 t 期;x 和 Y 分别为生产单位的投入向量与产出变量;β 为待估参数;$f(x_{it};\beta)$ 为具有完全效率的前沿生产函数;α_i 为反映异质性的个体效应;v_{it} 与 u_{it} 分别为统计噪声的随机误差和反映生产无效率的单边误差。

借鉴 Greene(2005)、Wang 和 Ho(2010)的研究,假定 u_{it} 服从均值为 μ, 方差为 σ_u^2 的截

尾正态分布,即有:$u_{it} \sim N^{+}(\mu, \sigma_u^2)$。

鉴于误差项 v_{it} 与 u_{it} 的特殊形式,采用极大似然估计法估计该模型。基于上述分布假设,式(5.1)对应的对数似然函数为:

$$L_{it} = -\frac{1}{2}\ln(\sigma_u^2 + \sigma_v^2) + \ln\varphi\left(\frac{\mu - u_{it} + v_{it}}{\sqrt{\sigma_u^2 + \sigma_v^2}}\right) + \ln\Phi\left(\frac{\mu_{it}^*}{\sigma^*}\right) - \ln\Phi\left(\frac{\mu}{\sigma_u}\right) \tag{5.2}$$

其中,$\Phi(\cdot)$ 与 $\varphi(\cdot)$ 分别为标准正态分布的累积分布函数和概率密度函数。

$$\mu_{it}^* = \frac{\mu \times \sigma_v^2 - (v_{it} - u_{it}) \times \sigma_u^2}{\sigma_v^2 + \sigma_u^2}; \sigma_*^2 = \frac{\sigma_v^2 \times \sigma_u^2}{\sigma_v^2 + \sigma_u^2}$$

对于我国银行业而言,国有大型银行、股份制商业银行、城市商业银行在政策引导和经营策略等方面存在差异,历史沿革形成的业务边界、客户群体及核心知识存在差异(王廷科和冯嗣全,2009),业务核心地区的市场化程度和法制环境也存在差异(Hasan et al, 2009; Zhang et al, 2012),这些不可观测的个体异质性因素均会对银行的投入产出产生重要影响。鉴于此,本章建立个体效应随机边界模型估计我国商业银行效率,并据此计算技术效率变化(TEC)、技术进步(TC)、规模效率变化(SC)①和 TFP。

在银行效率测算中,超越对数函数、广义超越对数函数和傅里叶弹性函数是最常用的前沿生产函数形式。相对于广义超越对数函数和傅里叶弹性函数,Orea(2002)提出的超越对数函数能够反映前沿技术进步、投入要素间的替代效应以及技术进步与要素投入间的交互效应,这些柔性特征使其对于潜在的产出结构限制较少(徐传谌 等,2007)。同时,函数中包含的投入要素的交叉项使其较为符合银行业规模报酬可变的行业特质,使得对生产效率的分解不受生产单位是否具有规模报酬可变的限制。

基于超越对数生产函数的个体效应随机边界模型为:

$$\begin{cases} \ln\left(\frac{Y}{A}\right)_{it} = \beta_0 + \sum_{n=1}^{N}\beta_n \ln\left(\frac{X}{A}\right)_{nit} + \frac{1}{2}\sum_{n=1}^{N}\sum_{j=1}^{N}\beta_{nj}\ln\left(\frac{X}{A}\right)_{nit} \times \ln\left(\frac{X}{A}\right)_{nit} + \sum_{n=1}^{N}\beta_{tn}t \times \ln\left(\frac{X}{A}\right)_{nit} \\ \qquad + \beta_t t + \frac{1}{2}\beta_{tt}t^2 + \alpha_i + v_{it} - u_{it} \\ v_{it} \sim N(0, \sigma_v^2), \quad i = 1,2,\cdots,I; t = 1,2,\cdots,T \\ u \sim N^{+}(\mu, \sigma_u^2), \text{且与 } v_{it} \text{ 独立} \end{cases} \tag{5.3}$$

式中,$(Y/A)_{it}$ 为第 i 家银行第 t 年的产出;$(X/A)_{nit}$ 为第 n 个投入变量②;t 为技术变化的时间趋势。其他变量的定义同式(5.1)。

则银行的技术效率(TE)可表示为:

① 技术效率变化表示要素投入和生产技术不变时,实际产出与前沿面最佳产出的距离的变化;技术进步表示生产要素不变时,产出随时间的变化率;规模效率变化表示规模经济引起的生产率的改变(Coelli et al, 2005)。

② 为消除资产规模对投入产出的影响,本章借鉴王聪、谭政勋(2007)的方法,对投入产出变量均进行除以平均资产总额的标准化处理。

$$\mathrm{TE} = E\left[\exp\frac{(-u_{it})}{(v_{it}-u_{it})}\right] \tag{5.4}$$

根据 Coelli 等(2005)提出的 TEC, TC, SC 以及广义 Malmquist 全要素生产率指数的计算方法,在两个临近时期(s 与 t)的 TEC, TC, SC 和 TFP 分别为:

$$\mathrm{TEC} = \frac{\mathrm{TE}_{it}}{\mathrm{TE}_{is}} = \frac{E\left[\exp\frac{(-u_{it})}{(v_{it}-u_{it})}\right]}{E\left[\exp\frac{(-u_{is})}{(v_{is}-u_{is})}\right]} \tag{5.5}$$

$$\mathrm{TC} = \exp\left[\frac{1}{2}\left(\frac{\partial \ln y_{it}}{\partial t} + \frac{\partial \ln y_{is}}{\partial s}\right)\right] \tag{5.6}$$

$$\mathrm{SC} = \exp\left\{\frac{1}{2}\sum_{n=1}^{N}\left[\varepsilon_{nit}\mathrm{SF}_{it} + \varepsilon_{nis}\mathrm{SF}_{is}\right] \times \ln\left(\frac{x_{nit}}{x_{nis}}\right)\right\} \tag{5.7}$$

其中, $\mathrm{SF}_{it} = \dfrac{\varepsilon_{it}-1}{\varepsilon_{it}}$, $\varepsilon_{it} = \sum_{n=1}^{N}\varepsilon_{nit}$, $\varepsilon_{nit} = \dfrac{\partial \ln y_{it}}{\partial \ln x_{nit}}$。

由此可得:

$$\mathrm{TFP} = \mathrm{TEC} \times \mathrm{TC} \times \mathrm{SC} \tag{5.8}$$

5.2.2 变量的选取

(1)计算经营效率的投入与产出变量选择

现有文献选择银行投入、产出指标的方法主要有资产法、中介法和生产法。结合研究目的与数据可获得性,基于中介法思想,本章定义投入变量为平均存款总额、平均资本总额和营业费用,分别代表资金投入、资本投入与运营投入,定义产出变量为税前利润。

(2)特许权价值的度量

特许权价值是银行在业务活动中利用特许经营条件和优势创造的价值,代表了银行的成长机会。以市场价值与重置成本之比表示的托宾 Q 包含了银行获得的经济租金,反映了特许权价值的来源,并使得不同规模银行的特许权价值具有可比性。因此,托宾 Q 是计算银行特许权价值的理想指标,也是实证文献中常用的度量方式(Keeley,1990; Gropp et al,2004;韩立岩 等,2008)。本章沿用第 4 章的度量方法,以托宾 Q 表示银行特许权价值,其计算公式为:

$$Q_i(t) = \frac{E_m^i(t) + L_b^i(t)}{A_b^i(t)} \tag{5.9}$$

式中,i 为第 i 家银行;t 为第 t 年; $Q_i(t)$ 为托宾 Q 值,表示银行特许权价值; $E_m^i(t)$ 为银行所有者权益的市场价值,等于银行年末股票数量与股票价格的乘积; $A_b^i(t)$ 和 $L_b^i(t)$ 分别为资产和负债的账面价值。

(3)控制变量的选择

银行特许权价值不仅受行业市场结构、银行投入产出效率的影响,而且还与宏观经济环境、银行个体特征等诸多因素相关。借鉴国内外关于银行特许权价值的相关研究，同时剔除股票市场波动对托宾 Q 的影响，选取证券化率、存贷利差、金融深度，银行业的市场集中度，银行的资产规模、资产质量、盈利能力、资本充足性以及业务多元化程度作为控制变量。

各类变量的定义及计算方式见表 5.1。

表 5.1　变量的定义及计算方式

类别	名称	代码	定义(计算方式)
投入变量	资金投入	$\left(\frac{X}{A}\right)_1$	$\frac{\text{平均存款总额}}{\text{平均资产总额}}$
	资本投入	$\left(\frac{X}{A}\right)_2$	$\frac{\text{平均所有者权益}}{\text{平均资产总额}}$
	运营投入	$\left(\frac{X}{A}\right)_3$	$\frac{\text{营业费用}}{\text{平均资产总额}}$
产出变量	营业收入	$\frac{Y}{A}$	$\frac{\text{净利息收入+其他营业收入}}{\text{平均资产总额}}$
被解释变量	银行特许权价值	Q	托宾 Q
分析变量	广义 Malmquist 全要素生产率指数	TFP	以个体效应随机边界模型为基础计算
	技术效率变化	TEC	
	技术进步	TC	
	规模效率变化	SC	
控制变量	市场结构	HHI	赫芬达尔指数
	存贷利差	NIM	贷款基准利率-同期存款基准利率
	资产规模	ln A	资产总额的自然对数
	资产质量	PC	$\frac{\text{贷款损失准备}}{\text{不良贷款}}$
	盈利能力	ROE	净资产收益率
	资本充足性	CAR	资本充足率
	业务多元化程度	MBD	$\frac{\text{其他营业收入}}{\text{营业总收入}}$
	证券化率	SR	$\frac{\text{股票市场总市值}}{\text{GDP}}$
	金融深度	FD	$\frac{\text{人民币贷款额}}{\text{社会融资总额}}$

5.2.3 数据来源与样本描述

自加入世界贸易组织以来,外资银行加快进入中国金融市场,我国银行业也逐步融入世界金融体系。为迎接金融全球化的挑战,并更好地发挥金融对实体经济的支持作用,我国一方面稳步推进银行业市场化改革,充分发挥市场在金融资源配置中的基础性作用,行业竞争日趋激烈;另一方面深入开展利率市场化改革,逐步放开对利率的管制,银行的存贷利差收益逐步缩小,这侵蚀了银行的特许权价值。另外,2003 年,修改后的《商业银行法》颁布实施标志着我国银行业步入规范化的发展轨道,银行业监督管理的法制水平进一步提高,商业银行的自主经营能力逐步增强。鉴于此,本章以 2003 年作为分析的起点,选取 2003—2013 年我国 16 家上市商业银行为研究样本,这些银行的总资产占全部银行资产总额的近 65%,公司治理结构和信息披露制度较为完善,具有一定的代表性。数据来源于各商业银行年报和统计年鉴。数据描述见表 5.2。

表 5.2　变量的描述性统计

变量	均值	标准差	最大值	最小值
x_1	0.774 2	0.088 6	1.027 6	0.550 1
x_2	0.049 5	0.017 4	0.126 7	0.016 1
x_3	0.011 0	0.002 0	0.015 4	0.006 1
y	0.028 5	0.004 4	0.040 6	0.017 6
Q	1.046 2	0.090 4	1.619 8	0.932 7
HHI	0.069 4	0.011 3	0.107 5	0.060 4
NIM	3.176 1	0.182 2	3.513 5	3.000 0
$\ln A$	14.254 5	1.366 3	16.755 6	11.232 0
PC	2.125 5	1.072 8	4.996 0	0.354 9
ROE	0.167 0	0.041 0	0.300 1	0.037 4
CAR	0.118 3	0.033 3	0.301 0	0.023 0
MBD	0.142 7	0.065 8	0.305 0	0.027 9
SR	0.551 5	0.276 7	1.230 7	0.175 4
FD	0.625 6	0.094 2	0.810 6	0.515 0

银行特许权价值除 2005—2007 年随股市繁荣而快速上升外,其他年度均较为稳定,表明虽然金融改革稀释了源于政府管制因素的银行特许权价值,但也扩大了银行的自主经营空间,增强了银行的资源配置和经营管理能力,改善了投入产出效率,提高了源于银行经营

因素的特许权价值,两者的共同作用使银行特许权价值表现较为平稳。

自2003年中国银监会成立和《银行业监督管理法》颁布实施以来,政府监管对银行的约束能力明显增强,银行的资本充足率、拨备覆盖率等指标逐年提高。同时,随着我国银行业逐步融入世界金融体系和国内金融消费的快速增长,商业银行不断学习国外先进的运营理念,积极拓展中间业务,其他营业收入占营业收入的比重逐年提高,盈利能力显著提升。另外,伴随外资银行的进入和银行业市场结构的改善,行业市场集中度逐年下降。限于篇幅,对其他变量的统计特征文中不再赘述。

5.2.4　回归模型

鉴于技术效率变化、技术进步和规模效率变化是广义Malmquist全要素生产率指数的分解形式,为避免共线性,本章分别以它们为解释变量,建立以下面板数据模型分析银行经营效率与特许权价值之间的关系。

$$Q_{it} = \beta_0 + \beta_1 T_{it} + \beta_2 \mathrm{HHI}_{it} + \beta_3 \mathrm{NIM}_{it} + \beta_4 \ln A_{it} + \beta_5 \mathrm{PC}_{it} + \beta_6 \mathrm{ROE}_{it} + \beta_7 \mathrm{CAR}_{it} + \beta_8 \mathrm{MBD}_{it} + \beta_9 \mathrm{SR}_{it} + \beta_{10} \mathrm{CPI}_{it} + \beta_{11} \mathrm{FD}_{it} + \varepsilon_{it} \tag{5.10}$$

式中,i为第i家银行;t为第t年;ε为随机误差项;T为银行的TFP, TEC, TC或SC。

5.3　实证结果及分析

5.3.1　全要素生产率的计算及分解

采用Stata 12.0估计式(5.3),并采用式(5.4)计算技术效率,结果显示,式(5.3)的极大似然估计值为212.05,大部分回归系数显著,变差率[①]为0.53,统计显著,单边误差LR检验的统计量为42.78,大于1%显著性水平下的临界值,表明无效率项u_{it}存在,模型效果较好。在控制了不属于非效率因素的个体异质性后,2003—2013年我国商业银行的平均技术效率达0.95,且呈逐年改进趋势。这与曾维翰和戴淑庚(2013)、柯孔林和冯宗宪(2013)等的结论较为一致,但效率值高于他们的测算结果,表明随着近年来我国银行业金融领域改革红利的逐步释放,商业银行的投入产出转化能力明显提高。

由式(5.5)至式(5.8)计算2003—2013年样本银行的TEC, TC, SC和TFP,结果见表5.3。

---

① 变差率$\gamma = \dfrac{\sigma_u^2}{\sigma_u^2 + \sigma_v^2}$,表示单边误差占复合误差的比重。

表 5.3　样本期我国上市商业银行效率(EFF)、TFP 及其分解

年份	统计量	EFF	TEC	TC	SC	TFP
2003	均值	0.908 6	1.018 5	1.038 2	0.985 6	1.042 2
	标准差	0.068 8	0.015 8	0.005 0	0.055 4	0.062 1
2004	均值	0.921 9	1.015 6	1.038 6	1.018 5	1.074 2
	标准差	0.059 7	0.013 2	0.004 2	0.062 5	0.064 4
2005	均值	0.933 4	1.013 1	1.038 1	0.998 8	1.050 1
	标准差	0.051 6	0.011 1	0.003 5	0.051 3	0.049 1
2006	均值	0.943 3	1.011 1	1.036 1	1.012 3	1.060 5
	标准差	0.044 4	0.009 3	0.004 2	0.050 6	0.054 6
2007	均值	0.951 8	1.009 3	1.032 0	1.040 5	1.083 5
	标准差	0.038 1	0.007 9	0.005 2	0.053 4	0.051 6
2008	均值	0.959 1	1.007 9	1.027 0	1.047 2	1.084 7
	标准差	0.032 6	0.006 6	0.005 6	0.117 2	0.132 0
2009	均值	0.965 3	1.006 6	1.024 4	0.947 1	0.976 5
	标准差	0.027 8	0.005 6	0.004 6	0.049 0	0.048 5
2010	均值	0.970 5	1.005 6	1.023 3	0.994 2	1.023 2
	标准差	0.023 7	0.004 7	0.004 3	0.043 0	0.048 0
2011	均值	0.975 0	1.004 7	1.020 9	1.015 5	1.041 8
	标准差	0.020 2	0.003 9	0.004 6	0.048 8	0.054 8
2012	均值	0.978 9	1.004 0	1.017 8	0.987 0	1.008 5
	标准差	0.017 2	0.003 3	0.004 5	0.042 3	0.043 2
2013	均值	0.982 1	1.003 4	1.015 2	0.991 6	1.010 1
	标准差	0.014 6	0.002 8	0.004 4	0.030 9	0.032 5
合计	均值	0.953 6	1.009 1	1.028 3	1.003 5	1.041 4
	标准差	0.045 3	0.009 7	0.009 4	0.063 0	0.069 7

由表 5.3 可知，样本期我国上市商业银行的全要素生产率年均增长了 4.14%，其中，技术效率、规模效率年均提高 0.91% 和 0.35%，技术进步年均达 2.83%，可见我国上市商业银行全要素生产率的增长主要来源于技术进步，其次是技术效率的改善和规模效率的提升。表明我国银行业全面开放以来，商业银行不断改善经营方式，创新或借鉴国外先进的技术手

段，显著提升了经营水平。同时也表明随着银行业市场化改革的深入，商业银行的自主经营能力明显增强，能够逐步利用特许权赋予的经营条件和优势，按市场原则配置资源，显著增强了利润创造能力。另外，整体而言，我国部分上市商业银行尚未处于最佳规模状态，还有待进一步发挥规模经济优势，扩大营业网点覆盖和非存贷业务规模，提高规模效率。

5.3.2 经营效率对银行特许权价值的影响分析

现有文献一般采用普通最小二乘法（OLS）（Gan，2004；马晓军 等，2007）或广义最小二乘法（GLS）（李燕平 等，2008）研究银行特许权价值的影响因素。为消除面板数据模型潜在的异方差和序列相关问题，本章采用 GLS 估计式（5.10），同时，本章还采用 OLS 进行估计，以便于比较并增强结论的稳健性。式（5.10）的估计结果见表 5.4 和表 5.5。

表 5.4 全要素生产率（TFP）、技术进步（TC）对银行特许权价值的影响分析

变量	GLS	RE①	GLS	RE
TFP	0.087 9**	0.143 1**	—	—
	0.041 7	0.064 1	—	—
TC	—	—	0.025 4	1.621 3
	—	—	0.883 7	1.352 1
HHI	0.650 0**	0.722 8*	0.749 4*	0.502 1**
	0.318 5	0.391 3	0.437 0	0.204 0
NIM	0.171 0***	0.186 9***	0.150 4***	0.137 2***
	0.031 2	0.046 6	0.033 0	0.048 4
ln A	0.018 9***	0.023 9***	0.018 8***	0.027 0***
	0.004 7	0.006 6	0.004 8	0.006 7
PC	0.009 6**	0.024 7***	0.009 6**	0.024 0***
	0.004 7	0.007 5	0.004 9	0.007 4
ROE	0.126 3*	-0.006 7	0.140 9*	0.002 9
	0.075 2	0.130 2	0.077 7	0.130 3
CAR	0.277 1**	0.476 1***	0.270 7*	0.459 4**
	0.131 6	0.185 4	0.142 6	0.180 6

① 面板数据模型设定的 Hausman 检验显示，式（5.10）宜采用随机效应进行估计。Lagrange multiplier 检验发现，模型均存在显著的序列相关，因此本章在随机效应基础上，采用考虑序列相关的估计方法。

续表

变量	GLS	RE①	GLS	RE
MBD	0.154 7 *	0.167 8	0.150 7 *	0.214 5
	0.080 2	0.133 1	0.086 4	0.132 5
SR	0.166 4 ***	0.189 6 ***	0.164 9 ***	0.187 4 ***
	0.013 1	0.018 8	0.013 7	0.019 0
FD	0.149 4 **	0.247 4 ***	0.146 3 **	0.196 3 **
	0.060 7	0.092 4	0.067 2	0.099 3
_cons	0.537 9 ***	0.501 2 ***	0.478 2	-1.063 5
	0.120 2	0.186 0	0.841 0	1.262 4
R^2	—	0.780 0	—	0.782 2
Hausman Test (*P*)	—	0.473 4	—	0.594 8
Lagrange multiplier test (*P*)	—	0.041 7	—	0.001 5

注：*，**，*** 分别表示在1%，5%和10%的水平下显著，下同。

表 5.5 技术效率变化(TEC)、规模效率变化(SC)对银行特许权价值的影响分析

变量	GLS	RE	GLS	RE
TEC	1.261 3 ***	0.179 5 *	—	—
	0.441 5	0.100 6	—	—
SC	—	—	0.090 0 ***	0.159 4 **
	—	—	0.035 2	0.068 3
HHI	0.930 6 **	0.779 1 ***	0.628 7 ***	0.676 6 *
	0.434 4	0.313 9	0.224 9	0.391 2
NIM	0.148 2 ***	0.165 2 ***	0.169 5 ***	0.186 5 ***
	0.028 9	0.042 7	0.031 1	0.046 2
ln *A*	0.017 1 ***	0.024 2 ***	0.018 8 ***	0.024 4 ***
	0.004 9	0.006 8	0.004 7	0.006 5
PC	0.007 8 *	0.023 4 ***	0.009 6 **	0.024 9 ***
	0.004 8	0.007 6	0.004 8	0.007 5

续表

变量	GLS	RE	GLS	RE
ROE	0. 121 6	0. 005 9	0. 127 0 *	-0. 006 0
	0. 075 5	0. 132 4	0. 075 7	0. 130 0
CAR	0. 284 7 **	0. 412 2 **	0. 280 1 **	0. 484 1 ***
	0. 130 4	0. 178 0	0. 133 1	0. 185 7
MBD	0. 125 3	0. 182 3	0. 157 2 *	0. 173 8
	0. 083 2	0. 133 6	0. 080 9	0. 133 0
SR	0. 165 3 ***	0. 190 1 ***	0. 166 6 ***	- 0. 189 1 ***
	0. 013 3	0. 019 0	0. 013 1	0. 018 8
FD	0. 145 0 **	0. 244 5 ***	0. 148 2 **	0. 241 9 ***
	0. 061 5	0. 092 1	0. 061 2	0. 092 6
_cons	1. 754 7 **	0. 610 0	0. 542 6 ***	0. 524 9 ***
	0. 837 1	1. 595 7	0. 123 3	0. 187 9
R^2	—	0. 779 4	—	0. 780 0
Hausman Test（P）	—	0. 492 4	—	0. 499 3
Lagrange multiplier test（P）	—	0. 001 1	—	0. 031 4

从表 5. 4 和表 5. 5 来看，各模型 R^2 均较高，F 检验显著，且绝大部分变量的解释能力较强，模型整体效果较好，另外，模型中各变量的方差膨胀因子均小于 10，表明不存在严重的共线性问题。对经营效率及其他变量与银行特许权价值关系的分析如下。

（1）全要素生产率

TFP 与银行特许权价值显著正相关，表明经营效率的改善有助于银行特许权价值的提升。TFP 衡量了非要素投入因素导致的银行生产率的动态变化，反映了银行的资源配置和持续发展能力，TFP 越大，银行的经营管理效率越高，将特许权转化为经营效益的能力越强，越能利用特许经营条件和优势创造更多的价值，未来的收益状况更好，特许权价值越高，这与特许权价值的经济含义相吻合。

（2）技术进步

TC 对银行特许权价值的影响不显著。虽然近年来我国商业银行的技术进步较为明显，并且极大地推动了银行生产率的提升，但却没有带来银行特许权价值的显著增加。这可能是因为银行业并非技术密集型行业，新技术的应用、经营设备的改造、管理技能的提高虽然能够改善投入产出效率,但其本身为银行创造的价值相对较小。同时也说明对于提升银行利用特许权创造价值的能力,技术进步的作用较为有限。

(3)技术效率和规模效率变化

TEC和SC均与银行特许权价值具有显著的正向关系。表明银行优化资产组合、扩大经营规模不仅能最大限度地发挥杠杆经营优势,更多地获取特许权赋予的垄断租金和利差收益,提高源于经营条件和优势的特许权价值,而且通过经营方式的转变和管理经验的累积,能快速适应多变的市场环境,提升特许经营优势向盈利能力的转化效率。另外,这也表明了银行利用特许权创造价值的能力主要表现为资源配置能力和规模化经营能力。

(4)银行个体特征变量

资产规模越大的银行特许权价值越高,这与De Nicolo(2000)、马晓军和欧阳姝(2007)的观点较为一致。对我国银行业而言,规模大的银行不仅经营时间较长、客户群体较为稳定,而且在应对经济环境变化、获得稀缺资源以及影响政策的制定与实施等方面具有优势(徐忠 等,2009),同时还能通过更多的营业网点占据更大的市场空间,凭借特许经营条件和优势获取更多的经济租金。

资产质量、资本充足性变量与银行特许权价值具有显著的正向关系,这是因为资产损失准备提取得越充分、对风险的覆盖能力越强的银行不仅向投资者和客户传递了经营稳定的信号,通过良好的市场声誉获取更大竞争优势,而且遭受监管处罚的可能性更小,更有机会充分利用特许权获得市场资源,提升利用特许权创造价值的能力。

资产收益率、其他业务收入占营业收入的比重与银行特许权价值的关系并不十分显著,这可能是因为净资产收益率虽然反映了银行当前的盈利能力,但不能充分代表其未来的收益状况,这较为符合特许权价值经济本质。同时,我国商业银行的中间业务或其他非存贷业务尚处于摸索、开发阶段,市场前景尚不明确,特别是随着当前以互联网金融为代表的新型金融业态的兴起和快速发展,非传统业务的竞争日趋激烈,商业银行能否利用特许权形成的商誉、网络、信息资源等经营优势在这些业务领域中获取超额收益还有待进一步考察。

(5)经营环境变量

市场结构、存贷利差变量与银行特许权价值显著正相关,表明行业集中度越高、存贷利差越大,银行的特许权价值越高,这与特许权价值的定义和理论预期较为一致:行业进入壁垒形成的垄断租金和利率管制赋予的利差收益是银行特许权价值的直接来源,特别是在我国银行业垄断程度和商业银行对存贷业务的依赖程度较高的条件下,行业竞争度和利差水平直接决定了银行特许权价值的大小。另外,金融深度与银行特许权价值具有显著的正向关系,表明贷款占社会融资总额的比重越大,经济体对信贷资源的依赖程度越高,来自其他资本市场的竞争越小,银行的垄断地位越高,并且银行也越能够利用特许权形成信息资源、规模经济等经营优势获取更多的超额收益,分享经济高速增长的成果。

本章小结

本章采用个体效应与无效率项分离的随机边界模型和2003—2013年我国16家上市商业银行的数据,估计了银行的技术效率,计算了银行的技术效率变化、技术进步、规模效率变化和广义Malmquist全要素生产率指数,并以此作为银行资源配置能力(经营效率)的度量指标,建立面板数据模型并采用广义最小二乘法(GLS),分析了银行将特许经营条件和优势转化为经营收益的能力在银行特许权价值形成中的作用。

研究发现:①样本期我国上市商业银行的技术效率呈逐年提升趋势,年均达95%,高于采用一般随机边界方法计算的效率值;上市银行全要素生产率年均增长4.14%,其中技术效率、规模效率年均分别提高0.91%和0.35%,技术进步年均达2.83%。上市银行全要素生产率的增长主要来源于技术进步,其次是技术效率的改善和规模效率的提升。②全要素生产率与银行特许权价值显著正相关,说明银行经营效率越高,将特许经营条件和优势转化为经营效益的能力越强,银行的特许权价值更高。③技术效率和规模效率变化与银行特许权价值具有显著的正向关系,技术进步对银行特许权价值的影响不显著,说明银行利用特许权创造价值的能力主要表现为资源配置能力和规模化经营能力,技术进步的作用较为有限。

研究表明:特许权价值由特许权赋予的经营条件与优势和银行利用特许权创造价值的能力共同决定。特许权仅为银行提供了垄断地位、高杠杆经营以及隐性担保、资金价格管制等经营条件,银行也可凭借产业属性和功能特点在规模经济、信息资源、市场声誉等方面形成经营优势,而银行利用这些条件和优势创造的特许权价值多寡则取决于银行的资源配置能力的大小。因此,在当前金融政策导致特许经营条件淡化的条件下,商业银行应积极转变经营发展方式、优化投入产出组合、充分利用杠杆经营优势、扩大营业网点覆盖以提升经营效率,提高将特许经营条件和优势转化为特许权价值的能力。

第6章　法制环境、股权结构对银行经营效率的影响

6.1 引　言

本书第5章对银行经营效率与特许权价值关系的研究表明,银行经营效率越高,其利用特许经营条件和优势创造价值的能力越强,特许权价值也就越高。因此,在当前行业规制赋予银行的特许经营条件逐步淡化、源于金融管制的银行特许权价值日趋下降的背景下,提高经营效率是提升银行特许权价值的主要方式。同时,鉴于银行特许权价值具有风险自律作用,提高经营效率也是当前实现银行经营发展能力提升和经营稳健性增强双重目标的重要途径。以此而论,深入讨论银行特许权价值需要进一步探究银行经营效率的决定因素。

提升经营效率需要良好的外部环境和内部条件。从理论上讲,法治水平、市场化程度(以下简称"法制")等外部环境和股权结构、公司治理等内部条件是决定银行经营效率的重要因素,因此,本章主要分析法制环境、股权结构对银行经营效率的影响。一般而言,外部环境对银行经营行为的影响须通过其内部决策机制得以实现,而股权结构从根本上决定了银行的决策机制、经营模式以及行为方式,从这个意义上讲,股权结构可能会调节法制环境与银行经营效率的关系。鉴于此,本章重点讨论法制环境、股权结构对银行经营效率的交互影响,以期从这个视角窥究法制环境、股权结构与银行经营效率的关系。

6.2 研究假设

金融服务的地域特性决定了银行经营行为必然受其所处地区的市场化程度、法治水平等因素的影响。关于法制环境与银行资产配置关系的现有研究表明,良好的法制环境有助于提高银行经营的自主权和金融合同执行效力(Zhang et al,2012),降低关联贷款引致的经营风险(朱红军 等,2010),促使银行扩大信贷规模(张健华 等,2012),促进银行经营效率或绩效的提升(Hasan et al,2009; Qu et al;2010;王擎 等,2012)。但系统梳理现有文献会发现,这些研究均存在潜在的假设:所有银行都严格按照市场原则独立自主经营,较高的市场化程度或法治水平有助于银行按市场化的方式配置资源,提高经营效率。

然而,银行掌握着最重要的金融资源,政府或其他利益主体会通过行政命令、股权控制等手段干预银行的经营行为,必将扭曲其市场化的资源配置方式。政府股东的“政治观”理论认为,政府会基于政治目的控制银行的信贷资源(La Porta et al,2002)。大量的经验证据也表明,政府大多出于政治上的考虑控股银行,比如,让其对所属政党控制的企业收取更低的贷款利率(Sapienza,2004),在选举年份增加信贷投放(Dinc,2005)。在“晋升锦标赛”的政治激励下(周黎安,2007),我国地方政府有更强烈的动机干预其控股的城市商业银行的经营行为(祝继高 等,2012)。政府官员治理与城市商业银行信贷行为的相关研究进一步表明,官员会将自身的政治动机嵌入作为股东的政府之中,影响银行的资源配置,官员的晋升压力、任期、交流等治理特征均直接影响银行的信贷行为(钱先航 等,2011;李维安 等,2012)。以此而论,国有与非国有股东控制的银行在资源配置方式上存在差异,国有股东基于“政治目的”干预银行经营行为可能致使其按非市场化的方式配置资源。

市场化程度和法治水平对银行资产配置的作用效果取决于其资源配置方式,而股权结构在一定程度上决定了银行的资源配置方式。因此,法制环境对银行效率的影响可能会因股权结构而异。具体而言,在国有控股条件下,控股股东为实现其“政治目的”,迫使银行以非市场化的方式配置资源,不发达的市场化程度或不完善的法律环境为这种资源配置方式提供了便利。相反,在非国有控股条件下,较高的法制程度能促进银行按市场原则配置资源。基于以上分析,提出如下研究假设:

H1:健全的法制环境有助于提高非国有控股银行的经营效率,却不能促进国有控股银行效率的提升。

6.3　研究设计

首先,基于随机边界方法计算银行的广义 Malmquist 全要素生产率指数;然后,用这一指数与法制环境变量建立回归模型,分析法制环境对国有与非国有控股银行经营效率影响的差异;最后,采用 Bootstrap 法检验这种差异的显著性。

6.3.1　全要素生产率测算模型

沿用第 5 章的广义 Malmquist 全要素生产率指数(TFP)测算思路,以 Orea(2002)提出的超对数距离函数为基础计算银行的技术效率(TE),并以 Coelli 等(2005)的方法测算技术效率变化(TEC)、技术进步(TC)、规模效率变化(SC)及广义 Malmquist 全要素生产率指数。

单产出多投入的超对数随机边界生产函数为[①]:

① 鉴于本章样本均为城市商业银行,其经营策略、业务范围等较为相似,故本章的超对数随机边界生产函数没有采用考虑个体效应的模型形式。

$$\ln(y_{it}) = \beta_0 + \sum_{n=1}^{N} \beta_n \ln x_{nit} + \frac{1}{2}\sum_{n=1}^{N}\sum_{j=1}^{N} \beta_{nj} \ln x_{nit} \ln x_{jit} + \sum_{n=1}^{N} \beta_{tn} t \ln x_{nit} + \beta_t t + \frac{1}{2}\beta_{tt} t^2 + v_{it} - u_{it}, \quad i = 1,2,\cdots,I; t = 1,2,\cdots,T \tag{6.1}$$

式中，y_{it} 为第 i 个生产单位第 t 年的产出①；x_{nit} 为第 n 个投入变量；t 为技术变化的时间趋势；β 为待估参数；v_{it} 与 u_{it} 分别为统计噪声的随机误差和反映生产无效率的单边误差。假定 $v_{it} \sim N(0,\sigma_v^2)$，$u_{it} \sim N^+(0,\sigma_{it}^2)$，且 v_{it} 与 u_{it} 独立。

则在两个临近时期（s 与 t），TEC，TC，SC 及 TFP 分别为：

$$\mathrm{TEC} = \frac{E\left[\exp\dfrac{(-u_{it})}{(v_{it} - u_{it})}\right]}{E\left[\exp\dfrac{(-u_{is})}{(v_{is} - u_{is})}\right]} \tag{6.2}$$

$$\mathrm{TC} = \exp\left[\frac{1}{2}\left(\frac{\partial \ln y_{it}}{\partial t} + \frac{\partial \ln y_{is}}{\partial s}\right)\right] \tag{6.3}$$

$$\mathrm{SC} = \exp\left[\frac{1}{2}\sum_{n=1}^{N}(\varepsilon_{nit}\mathrm{SF}_{it} + \varepsilon_{nis}\mathrm{SF}_{is}) \times \ln\left(\frac{x_{nit}}{x_{nis}}\right)\right] \tag{6.4}$$

其中，$\mathrm{SF}_{it} = (\varepsilon_{it} - 1)/\varepsilon_{it}$，$\varepsilon_{it} = \sum_{n=1}^{N} \varepsilon_{nit}$，$\varepsilon_{nit} = \dfrac{\partial \ln y_{it}}{\partial \ln x_{nit}}$。

由此可得：

$$\mathrm{TFP} = \mathrm{TEC} \times \mathrm{TC} \times \mathrm{SC} \tag{6.5}$$

6.3.2 回归模型

建立如下线性回归模型以分析法制环境、股权结构对银行经营效率的影响：

$$\mathrm{TFP}_{it} = f(\mathrm{owership}_{it}, \mathrm{institution}_{it}, z_{mit}) + e_{it} \tag{6.6}$$

式中，$\mathrm{ownership}_{it}$ 和 $\mathrm{institution}_{it}$ 分别为银行股权结构和法制环境变量；z_{mit} 为控制变量向量；e_{it} 为随机误差项。

为检验研究假设，本章按控股股东类型分组进行回归分析。

6.3.3 回归系数组间差异检验

现有文献主要通过在回归模型中设置交叉项来分析不同情况下某因素对另一因素影响的差异，但这在本章中导致了严重的共线性。借鉴连玉君等（2008）[16] 的方法，本章采用自体抽样法（Bootstrap）计算的经验 P 值判断法制环境对国有与非国有控股银行经营效率的影响是否存在显著差异。具体步骤如下：

①对国有与非国有控股银行分别进行回归，计算法制环境变量系数在两者间的实际差异，记为 d。

① 鉴于城商行的资产规模差距不大，故本章计算 TFP 时没有对投入产出变量进行除以平均资产总额的标准化处理。

②从原样本中随机抽取 n_1 和 n_2 个[①]观测值分别作为国有与非国有控股银行样本。

③对这两组样本分别进行回归,计算法制环境变量系数在这两组间的经验差异,记为 d_i。

④重复第2、第3步 k 次,计算经验 P 值为 $d_i(i=1,2\cdots,k)$ 大于 d 的次数占抽样次数 k 的比例。

6.3.4　变量选取

(1)计算 TFP 的投入与产出变量

结合研究目的和数据的可获得性,基于中介法思想,本章定义银行投入变量为平均资本总额(资本投入)、营业费用(运营投入)和平均存款总额(资金投入),产出变量为营业收入。

(2)回归模型中的变量

1)股权结构

按第一大股东类型分为国有控股银行和非国有控股银行,并进一步将国有控股银行分为地方政府直接控股银行和国有法人控股银行,将非国有控股银行分为一般法人控股银行和境外投资者控股银行。本章按控股股东类型设置股权结构虚拟变量。

2)法制环境

参考关于法制环境与银行经营行为的相关研究,以樊纲等(2011)编制的《中国市场化指数》中的"市场化总指数"和"市场中介组织的发育和法律制度环境"分别作为制度和法律环境变量。考虑到市场化程度与银行效率潜在的内生性关系,对这些指数均进行一期滞后,以上一期的指数值衡量当期的法制环境。另外,由于《中国市场化指数》中的数据截至2009年,借鉴吕健(2013)的方法对2010—2013年的各项市场化指数进行推算。

3)其他变量

银行效率不仅受法制环境、股权结构的影响,还与银行经营特征等因素相关。借鉴国内外对银行效率决定因素的相关研究,选取地区金融深度、股东股权控制能力、银行资本充足状况、资产配置情况、业务多元化程度、资产规模、资产质量以及银行的市场势力作为控制变量。

市场势力反映了经营主体对市场的主导或控制能力,一般用勒纳指数衡量。勒纳指数是指产出价格对边际成本的偏离程度,体现了经营单位的产品定价能力,其计算公式为:$LI=(p-mc)/p$,其中 p 为产出价格,等于总收入与平均总资产之比;mc 为边际成本,通过如下超越对数成本函数对平均总资产的导数获得:

$$\ln C = a + \sum_{m=1}^{2} b_m \ln w_m + c\ln Q + \frac{1}{2}e(\ln Q)^2 + g_1 T + \frac{1}{2}\sum_{m=1}^{2}\sum_{k=1}^{2} d_{mk}\ln w_m \ln w_k + \frac{1}{2}g_2 T^2 + \sum_{m=1}^{2} f_m \ln Q \ln w_m + \sum_{m=1}^{2} g_4 T\ln w_m + g_3 T\ln Q + \varepsilon \tag{6.7}$$

式中,C 为成本总额;w_1 和 w_2 分别为营业费用与平均总资产之比和利息支出与平均存款余

① n_1,n_2 分别为原样本中国有和非国有银行观测值数量。

额之比,表示投入价格;Q 为平均总资产,表示产出数量;T 为时间;a, b, c, e, f, g 为待估参数,则:

$$mc = \frac{C}{Q}\left(c + e \ln Q + \sum_{m=1}^{2} f_m \ln w_m + g_3 T\right) \tag{6.8}$$

另外,为避免市场势力与银行效率可能存在的内生性问题,对勒纳指数进行一期滞后。各类变量的定义及计算方式见表6.1。

表6.1 变量的定义及计算方式

类别	名称	代码	定义(计算方式)
投入变量	资本投入	x_1	平均所有者权益
	运营投入	x_2	营业费用
	资金投入	x_3	平均存款总额
产出变量	营业收入	y	净利息收入+其他营业收入
被解释变量	广义 Malmquist 全要素生产率指数	TFP	以超对数距离函数为基础计算
分析变量	国有控股	STA	第一大股东为国有时取值为1,否则为0
	地方政府控股	GOV	第一大股东为地方政府时取值为1,否则为0
	国有法人控股	SOE	第一大股东为国有法人时取值为1,否则为0
	一般法人控股	GE	第一大股东为一般法人时取值为1,否则为0
	境外投资者控股	EI	第一大股东为境外投资者时取值为1,否则为0
	市场化总指数	MAR	略
	中介组织与法律环境	LAW	略
	市场势力	LI	勒纳指数
控制变量	股权控制能力	ECA	第一大股东持股比例-第二大股东持股比例
	资产配置情况	LDR	$\frac{\text{贷款总额}}{\text{存款总额}}$
	资产质量	AQ	$\frac{\text{贷款损失准备}}{\text{不良贷款}}$
	资产充足状况	CAR	$\frac{\text{总资本-扣减项}}{\text{风险加权资产}}$
	地区金融深度	FD	$\frac{\text{各省贷款总额}}{\text{各省 GDP}}$
	资产规模	SIZE	总资产的自然对数
	业务多元化	MBD	$\frac{\text{净佣金及手续费收入}}{\text{营业收入}}$

6.3.5 数据来源与变量描述

(1)数据来源

选取2005—2014年我国城市商业银行为样本。银行各项指标数据来源于Bankscope数据库,并以各城市商业银行的年报对其进行校订,以避免勾稽关系矛盾、报告错误以及重复计算等数据质量问题,确保本研究的严谨。法制环境数据取自樊纲等(2011)编制的《中国市场化指数》。宏观经济数据来源于各省(市、自治区)的统计年鉴。经筛选共获得78家城市商业银行485个观测值,分布于除海南、西藏以外的29个省(市、自治区)。

(2)变量描述

回归模型中各变量的描述性统计见表6.2。

表6.2　连续变量的描述性统计

变量	均值	标准差	最小值	最大值
MAR	8.531	2.086	3.250	13.135
LAW	9.632	5.922	2.750	29.636
LI	0.518	0.072	0.221	0.883
ECA	0.078	0.125	0.000	0.902
LDR	0.637	0.127	0.206	1.228
AQ	2.691	5.158	0.010	78.917
CAR	0.124	0.035	0.032	0.381
FD	1.051	0.375	0.553	2.505
SIZE	10.791	1.053	7.921	13.929
MBD	0.043	0.118	0.000	2.550

表6.2(续)　样本描述

控股股东类型		观测值数		比率/%	
国有	地方政府	373	139	76.907	28.660
	国有法人		234		48.247
非国有	一般法人	112	63	23.093	12.990
	境外投资者		49		10.103
合计		485		100	

我国各地区的法制状况极不平衡,城市商业银行面临的法制环境差异较大,以江苏和青海为例,2013年两省的市场化总指数差距达3.941倍。城市商业银行的勒纳指数呈先升后降的波动变化,虽然近两年银行业的市场结构有所改善,但整体上仍处于不完全竞争状态。

随着市场化改革的深入,非国有股东控股的城市商业银行逐年增多,样本中由 2005 年的 6 家增至 2014 年的 23 家,银行业过去单一的股权结构明显改观。

另外,从表 6.2 来看,各连续变量的方差均较大,为减少异常值的干扰,本章对它们均进行上下 1% 的 winsorize 处理。

6.4 实证结果与分析

6.4.1 全要素生产率的计算及分解

运用 Frontier 4.1 估计式(6.1)并计算技术效率。结果显示,式(6.1)的极大似然估计值为-20.043,大部分回归系数显著;变差率①为 0.449,统计显著;单边误差 LR 检验的统计量为 56.953,大于 5% 显著性水平下的临界值,表明无效率项 u_{it} 存在,模型效果较好。此外,2004—2014 年城市商业银行的平均技术效率为 0.848,整体上呈逐年提高的趋势。

由式(6.2)至式(6.5)计算 2005—2014 年城市商业银行的 TEC, TC, SC 和 TFP,结果见表 6.3。

表 6.3 样本期我国城市商业银行 TFP 及其分解

年度	统计量	TEC	TC	SC	TFP
2005	均值	1.002	1.035	0.987	1.024
	标准差	0.001	0.004	0.016	0.019
2006	均值	1.002	1.034	0.988	1.023
	标准差	0.001	0.005	0.010	0.014
2007	均值	1.002	1.032	0.989	1.022
	标准差	0.001	0.004	0.011	0.014
2008	均值	1.002	1.029	0.986	1.016
	标准差	0.001	0.004	0.013	0.015
2009	均值	1.002	1.026	0.986	1.014
	标准差	0.001	0.004	0.012	0.015

① 变差率 $\gamma = \sigma_u^2/(\sigma_u^2 + \sigma_v^2)$,表示单边误差占复合误差的比重。

续表

年度	统计量	TEC	TC	SC	TFP
2010	均值	1.002	1.023	0.984	1.008
	标准差	0.001	0.004	0.012	0.015
2011	均值	1.002	1.020	0.980	1.001
	标准差	0.001	0.004	0.014	0.016
2012	均值	1.002	1.016	0.982	0.999
	标准差	0.001	0.004	0.011	0.012
2013	均值	1.002	1.026	0.984	1.010
	标准差	0.001	0.007	0.013	0.015
2014	均值	1.002	1.026	0.986	1.015
	标准差	0.001	0.008	0.014	0.016
合计	均值	1.002	1.026	0.985	1.013
	标准差	0.001	0.007	0.013	0.017

表 6.3(续)　样本期各类城市商业银行年均 TFP 及其构成

控股股东类型		TEC		TC		SC		TFP	
国有	地方政府	1.002	1.002	1.026	1.029	0.986	0.989	1.015	1.019
	国有法人		1.002		1.025		0.985		1.011
非国有	一般法人	1.002	1.002	1.025	1.027	0.983	0.983	1.008	1.011
	境外投资者		1.001		1.022		0.982		1.005
合计		1.002		1.026		0.985		1.013	

从表6.3可知,样本期城市商业银行的TFP年均增长1.258%,其中,技术效率年均提高0.175%,技术进步年均达2.590%,规模效率年均下降1.474%。由此可见,城市商业银行TFP的增长主要源于技术进步和技术效率提升,而它们尚不具有规模经济优势,未能运营于最佳规模之上导致其规模效率下降。进一步分析发现,样本期国有控股银行的TFP略高于非国有控股银行,且地方政府直接控股的银行其TFP最高。这可能是因为国有控股特别是地方政府直接持股的城市商业银行能获得更多的政府控制的信贷资源(刘阳 等,2012),如政府投融资平台类贷款等,增加了营业收入,表现出相对较高的产出效率。

6.4.2　回归结果与分析

按全样本、国有控股银行样本、非国有控股银行样本分别建立如式(6.6)的回归模型,运用 Stata 12.0 对各模型进行 OLS 估计,并采用 Bootstrap 法检验法制环境变量的系数在各模型间是否存在显著差异。

模型设定的 Hausman 检验显示,各模型均宜采用固定效应形式。采用 Wald 检验和 Wooldridge 检验发现各模型均存在显著的异方差和组内自相关,但采用 Friedman, Frees 以及 Pesaran 方法进行组间截面相关检验时均失败。对于短面板和小样本数据,实证文献处理异方差、组内自相关和组间截面相关的一般方法是计算 White 一致性标准差、聚类稳健标准差、Newey-West 标准差或 Discoll-Kraay 稳健性标准差。Hoechle(2007)运用蒙特卡洛模拟对这些方法进行比较时发现,当存在截面相关时,Discoll-Kraay 标准差最优,当不存在截面相关时,聚类稳健标准差最优,但 Discoll-Kraay 标准差仅略有不足(slightly less adequate)。鉴于 White 一致性标准差和聚类稳健标准差不能同时处理异方差和组内自相关,而 Newey-West 标准差不适合本章的数据特征,因此,本章在 OLS 估计的基础上,采用 Driscoll-Kraay 标准差计算稳健性 t 值。各模型的回归分析及 Bootstrap 法检验结果见表 6.4。

表 6.4　法制环境对银行 TFP 的影响分析

变量	全样本		国有控股银行样本		非国有控股银行样本	
	(1)①	(2)	(1)	(2)	(1)	(2)
STA	-0.002	-0.002	—	—	—	—
	0.002	0.002	—	—	—	—
MAR	-0.003***	—	-0.004***	—	0.009***	—
	0.001	—	0.001	—	0.002	—
LAW	—	0.000	—	-0.001**	—	0.001***
	—	0.000	—	0.000	—	0.000
LI	0.027***	0.023***	0.024***	0.016***	0.051***	0.043***
	0.006	0.006	0.006	0.006	0.009	0.011
ECA	0.023**	0.027***	0.024**	0.031***	-0.005	-0.004
	0.010	0.010	0.010	0.010	0.040	0.043
LDR	0.010***	0.009**	0.010**	0.007*	0.006	0.001
	0.003	0.004	0.004	0.004	0.015	0.017
AQ	0.001***	0.001***	0.001***	0.001***	-0.001***	0.000
	0.000	0.000	0.000	0.000	0.000	0.000
CAR	-0.021	-0.029*	-0.018*	-0.027**	-0.007	-0.003
	0.014	0.015	0.011	0.012	0.045	0.048
FD	-0.009***	-0.009***	-0.006	-0.004	-0.013**	-0.020***
	0.002	0.003	0.005	0.005	0.005	0.003

① 鉴于变量 MAR 与 LAW 高度相关,为避免共线性,建立模型(1)和模型(2)分别对它们进行回归分析。

续表

变量		全样本		国有控股银行样本		非国有控股银行样本	
		(1)①	(2)	(1)	(2)	(1)	(2)
SIZE		−0.017***	−0.014***	−0.011***	−0.013***	−0.033***	−0.029***
		0.001	0.001	0.002	0.002	0.004	0.004
MBD		−0.041***	−0.042***	−0.048***	−0.050***	−0.068**	−0.053*
		0.011	0.010	0.015	0.014	0.030	0.031
_cons		1.164***	1.165***	1.152***	1.153***	1.273***	1.312***
		0.009	0.012	0.014	0.019	0.039	0.047
观测值数		485	485	373	373	112	112
F 检验 *P* 值		0.000	0.000	0.000	0.000	0.000	0.000
R^2		0.593	0.587	0.551	0.543	0.771	0.762
VIF 均值		1.460	1.550	1.450	1.540	1.630	1.730
Hausman 检验 *P* 值		0.000	0.000	0.007	0.064	0.000	0.000
Wald 检验 *P* 值		0.000	0.000	0.000	0.000	0.000	0.000
Wooldridge 检验 *P* 值		0.000	0.000	0.000	0.000	0.018	0.013
经验 *P* 值	MAR	—	—	0.002***	—	—	—
	LAW	—	—	—	0.010***	—	—

注：***，**，* 分别表示在1%，5%和10%的水平下显著。

从表6.4来看，各模型的 R^2 均较高，*F* 检验都显著，且各变量的方差膨胀因子均小于10，表明模型整体效果较好。对各变量与城市商业银行 TFP 关系的分析如下：

(1)股权结构

控股股东性质和持股方式与城市商业银行的 TFP 无明显关系：表6.4中，国有控股变量的系数不显著；进一步将地方政府控股和国有法人控股变量同时纳入模型中，或将地方政府控股、国有法人控股、一般法人控股和境外投资者控股变量依次纳入模型中，分析发现这些变量的系数同样不显著。这与之前的研究结论类似(李维安 等，2004；王朝弟，2007；祝继高 等，2012)，表明城市商业银行单纯改变控股股东性质或持股方式可能难以达到改善经营效率的目的。

① 鉴于变量 MAR 与 LAW 高度相关，为避免共线性，建立模型(1)和模型(2)分别对它们进行回归分析。

(2)法制环境

在全样本中,市场化总指数与城市商业银行 TFP 呈显著的负向关系。而在子样本中,这种关系却出现了结构性变化:市场化总指数与国有控股银行的 TFP 显著负相关,但与非国有控股银行的 TFP 显著正相关,且 Bootstrap 法获得的经验 P 值为 0.2%,系数的组间差异显著。中介组织和法律环境与城市商业银行 TFP 的关系与此类似。这表明市场化程度、法律环境对银行效率的影响因股权结构而异,健全的法制环境有助于减少非市场因素对非国有控股银行资产配置行为的干扰,却阻碍了国有控股银行按非市场方式配置资源,研究假设得到了较好验证。

(3)其他变量

市场势力对银行效率具有明显的促进作用,表明在不完全竞争的市场环境中,市场势力越强的银行在应对经济环境变化、获得稀缺资源、影响政策实施以及市场价格制订等方面越具有优势,从而能获取更高的收益。总体而言,第一大股东的股权控制能力与 TFP 正相关,集中的股权结构有助于协调股东间以及股东与管理层间的利益冲突(Laeven et al,2009),提升银行效率。贷存比对 TFP 具有促进作用,在高利差的信贷环境中,银行增加信贷投放能有效提高经营收益。拨备覆盖率与 TFP 呈正向关系,资产质量越高或信贷风险覆盖得越充分的银行其经营效率越高。资本充足率对 TFP 具有抑制作用,这可能是因为样本期城市商业银行的资本充足率大多处于8%的监管标准之上,提高资本充足率的资产配置成本超过了控制风险的潜在收益,最终导致银行效率损失。地区金融深度与 TFP 负相关,其可能的原因是,经济、金融发展好的地区是银行业竞争的焦点,四大国有银行和部分股份制银行不仅占据了较大的市场空间(Zhang et al,2012),而且还具备较强的扩展能力,激烈的市场竞争不利于处于相对弱势地位的城市商业银行提高经营效率。此外,资产规模和业务多元化均与 TFP 具有负向关系,表明近年来城市商业银行盲目扩大经营规模和发展尚不具备竞争优势的中间业务都造成了效率损失。

6.4.3 稳健性检验

按第一大股东类型将国有控股分为地方政府直接控股和国有法人控股,将非国有控股分为一般法人控股和境外投资者控股,分别对它们进行回归以检验研究结论的稳健性。主要变量的分析结果见表 6.5。

表 6.5 法制环境对银行 TFP 影响的分样本分析

变量	地方政府控股样本		国有法人控股样本		一般法人控股样本		境外投资者控股样本	
	(1)	(2)	(1)	(2)	(1)	(2)	(1)	(2)
MAR	−0.004***	—	−0.003	—	0.009***	—	0.010***	—
	(0.001)	—	(0.002)	—	(0.002)	—	(0.002)	—

续表

<table>
<tr><td colspan="2" rowspan="2">变量</td><td colspan="2">地方政府控股样本</td><td colspan="2">国有法人控股样本</td><td colspan="2">一般法人控股样本</td><td colspan="2">境外投资者控股样本</td></tr>
<tr><td>(1)</td><td>(2)</td><td>(1)</td><td>(2)</td><td>(1)</td><td>(2)</td><td>(1)</td><td>(2)</td></tr>
<tr><td colspan="2" rowspan="2">LAW</td><td>—</td><td>0.000</td><td>—</td><td>-0.001*</td><td>—</td><td>0.001***</td><td>—</td><td>0.002***</td></tr>
<tr><td>—</td><td>(0.000)</td><td>—</td><td>(0.000)</td><td>—</td><td>(0.000)</td><td>—</td><td>(0.000)</td></tr>
<tr><td rowspan="2">经验
P值</td><td>MAR</td><td>0.292</td><td>—</td><td>0.020**</td><td>—</td><td>0.456</td><td>—</td><td>0.021**</td><td>—</td></tr>
<tr><td>LAW</td><td>—</td><td>0.644</td><td>—</td><td>0.036**</td><td>—</td><td>0.238</td><td>—</td><td>0.028**</td></tr>
</table>

注：每组的经验 P 值为该组与下一组 1 000 次 Bootstrap 的结果，境外投资者控股样本组的经验 P 值为该组与政府控股样本组 1 000 次 Bootstrap 的结果。

从表 6.5 可知，法制环境变量系数在地方政府和国有法人两组样本中均为负，而在一般法人和境外投资者两组样本中均显著为正；Bootstrap 检验结果显示，地方政府与国有法人两组样本间，以及一般法人与境外投资者两组样本间的系数差异均不显著，但国有法人与一般法人两组样本间，以及地方政府与境外投资者两组样本间的系数差异均在 5% 的水平下显著。说明法制环境对国有与非国有控股银行效率的影响存在显著差异，但对同一股权性质下不同持股方式的银行效率的作用却无明显区别。以上分析显示本章的研究结论稳健。

本章小结

本章首先理论分析了法制环境影响银行经营效率的作用机理；然后采用 2005—2014 年我国 78 家城市商业银行的数据和随机边界分析方法计算银行的技术效率变化、技术进步、规模效率变化及广义 Malmquist 全要素生产率指数，最后，以全要素生产率为银行经营效率的度量指标，建立面板数据模型实证研究法制环境、股权结构与银行经营效率的关系，并采用自体抽样法研究股权结构对法制环境与银行经营效率关系的调节作用。

研究发现：①样本期城市商业银行全要素生产率年均增长了 1.258%，这主要源于技术进步和技术效率的提升，而规模效率整体上呈下降趋势。另外，国有股东控股的城市商业银行其全要素生产率略高于非国有股东控股的城市商业银行，且地方政府直接控股的城市商业银行其全要素生产率最高。②控股股东的股权性质对银行的经营效率没有显著影响，控股股东的持股方式也与银行经营效率无明显关系。③法制环境对银行经营效率的影响因股权结构而异，健全的法制环境有助于提高非国有股东控股银行的经营效率，但却未能促进国有股东控股银行经营效率的提升。

研究表明：提高银行效率不仅是增强银行经营发展能力的必要方式，同时也是提升银行特许权价值以促使银行有效控制风险的有效途径。提高银行效率需要综合考虑银行经营的外部环境和内部条件,根据外部经营环境建立与之适应的内部决策机制。当前,需重点降低政府对银行经营行为的干预,提高银行经营的自主性,这不仅需要优化银行的股权结构,健全现代公司治理机制和以市场为导向的内部决策机制,而且需要为其营造良好的法制环境,提高金融合同的执行效力,内外兼修、双管齐下才能更好地促使银行按市场原则配置资源。

第7章 审慎性监管与银行经营效率的关系

7.1 引 言

银行效率不仅取决于银行经营的外部环境和内部条件，而且取决于银行的资源配置方式。银行满足监管要求实质是其按照监管当局的规定或标准配置资源，为深入了解这种资源配置方式会怎样影响银行经营效率进而怎样影响银行特许权价值，有必要全面剖析银行业监管与银行经营效率的关系，特别是当前施行的审慎性监管对银行经营效率的影响。

审慎性监管是银行业国际监管准则的核心理念，自1997年巴塞尔委员会发布《有效银行监管的核心原则》以来，它便在全球金融风险暴露中不断强化。2010年12月，巴塞尔委员会发布的《巴塞尔协议Ⅲ》[①]进一步确立了宏观审慎与微观审慎相结合的监管框架，除大幅提高资本充足率监管要求外，还引入了杠杆率监管指标，并建立了全球一致的流动性量化标准，以期通过强化监管指标以提高商业银行风险覆盖能力。自1996年加入巴塞尔协议特别是2003年中国银监会成立以来，我国逐步建立了与国际通行标准接轨并适应本国特征的审慎性监管模式。为推动我国银行业实施国际新监管标准，从2011年4月起中国银监会陆续颁布了《中国银行业实施新监管标准的指导意见》[②]及相关监管制度，在资本充足性、流动性和贷款损失准备等方面提出了更为严格和具体的审慎性监管指标要求，以促进我国银行业的稳健运行和可持续发展。

防范风险和促进发展都是银行业监管的目标，但这二者往往存在矛盾（沈坤荣 等，2005），因此，有效的银行监管必须在保持金融稳定与提高金融效率之间进行权衡（詹姆士·R.巴茨 等，2008）。那么，就各项审慎性监管指标而言，它们在平衡银行经营的谨慎性与效

① 《巴塞尔协议Ⅲ》强化的监管指标包括：A.提高资本充足率：核心一级资本充足率和一级资本充足率最低要求由原来的2%和4%分别提高至4.5%和6%，设置2.5%的资本留存缓冲和0%～5%的逆周期资本缓冲，规定系统重要性银行增加1%的附加资本要求；B.增加杠杆率指标：规定杠杆率不低于3%；C.增加流动性指标：规定流动性覆盖率和净稳定融资比率均不低于100%。

② 《中国银行业实施新监管标准的指导意见》及相关配套制度设定或强化的主要监管指标有：A.资本充足率：正常条件下系统重要性银行和非系统重要性银行的资本充足率分别不低于11.5%和10.5%，若出现系统性的信贷过快增长，需计提0%～2.5%的逆周期超额资本；B.杠杆率：杠杆率不低于4%；C.流动性：增加流动性覆盖率、净稳定融资比例均不低于100%两项监管指标，延续贷存比不高于75%、流动性比例不低于25%等监管监测指标；D.贷款损失准备：贷款拨备率不低于2.5%，拨备覆盖率不低于150%，按两者孰高确定贷款损失准备监管标准。

率性之间是否存在适当的尺度？在当前金融创新不断深入的背景下，持续提高监管标准是否会阻碍银行经营效率的提升？我国银行业审慎性监管的实施效果如何？然而，对于此类问题理论界与实务界还没有一致的研究结论或系统的经验证据。本章采用异方差随机边界模型和2003—2012年我国95家商业银行数据，实证研究我国现行的主要审慎性监管指标与银行经营效率的关系。

7.2 研究设计

7.2.1 异方差随机边界模型

随机边界分析（SFA）将误差项分解为反映统计噪声的随机误差和无效率程度的单边误差，能有效克服将各种测量误差视作无效率的缺陷，是效率评价中广泛采用的方法。基于SFA探究生产有效性影响因素的方法主要有两步法和单步法，但两步法存在研究假设矛盾等计量问题①，Wang和Schmidt用蒙特卡罗模拟也证明了单步法明显优于两步法。

单步法讨论的焦点集中于随机边界模型中单边误差项的分布假定、其均值和（或）方差是否为生产有效性影响因素的函数以及具体的函数形式。Kumbhakar等（1991）假定单边误差项服从截尾正态分布，截前（pre-truncated）均值为影响因素的函数，方差为常数；相反，Caudill和Ford（1993）假定截前均值为常数，方差为影响因素的函数。Wang（2002）在综合以上两种思路的基础上建立了更具一般性的异方差随机边界模型，在该模型中，单边误差项截前均值和方差均为影响因素的函数。Liu和Myers（2009）的经验证据表明，效率值排序以及各因素影响效率的方向对随机边界模型形式不敏感，但影响程度存在明显差异。Lai和Huang（2010）采用赤池信息量准则（AIC）、竹内信息量准则（TIC）和Voung检验对参数化单边误差项均值和（或）方差的各类随机边界模型进行判别，3种标准均表明Wang（2002）的模型优于其他模型。

异方差随机边界模型为：

$$y_{it} = x_{it}\beta + (v_{it} - u_{it}) \tag{7.1}$$

$$v_{it} \sim N(0,\sigma_v^2) \tag{7.2}$$

$$u_{it} \sim N^+(\mu_{it},\sigma_{it}^2) \tag{7.3}$$

$$\mu_{it} = \delta_0 + z_{it}\delta \tag{7.4}$$

① 两步法首先估计随机边界函数并计算效率值，然后用影响因素变量对效率值进行回归；单步法将影响因素变量嵌入随机边界模型中，同时估计效率值和各因素对生产有效性的影响。两步法模型设定存在研究假设矛盾：首先，在随机边界模型中假定无效率项同分布，而在回归模型中效率却随生产有效性影响因素变化而变化；其次，随机边界模型中假定影响因素变量与投入变量不相关，但实际上这些变量影响了生产效率而可能与投入变量相关。

$$\sigma_{it}^2 = \exp(\gamma_0 + z_{it}\gamma) \tag{7.5}$$

式中，y_{it}，x_{it} 分别为第 i 个生产单位第 t 年的产出数量和投入向量；z_{it} 为生产效率影响因素向量；β，δ 和 γ 为待估参数；v_{it} 与 u_{it} 分别为统计噪声的随机误差项和反映无效率程度的单边误差项；v_{it} 与 u_{it} 独立不相关。

异方差随机边界模型不仅能有效解决随机边界估计中的异方差问题，而且可从 z 对 $E(u)$ 的边际影响判断其对生产效率的作用是否具有非单调性。z 对 $E(u)$ 边际影响的计算及非单调性的证明如下：

z 中的第 s 个元素 $z(s)$ 对 u_{it} 的非条件均值 $E(u_{it})$ 求偏导得：

$$\frac{\partial E(u_{it})}{\partial z(s)} = \delta(s)\left[1 - \Lambda\left[\frac{\varphi(\Lambda)}{\Phi(\Lambda)}\right] - \left[\frac{\varphi(\Lambda)}{\Phi(\Lambda)}\right]^2\right] + \gamma(s)\frac{\sigma_{it}}{2}\left[(1 + \Lambda^2)\left[\frac{\varphi(\Lambda)}{\Phi(\Lambda)}\right] + \Lambda\left[\frac{\varphi(\Lambda)}{\Phi(\Lambda)}\right]^2\right] \tag{7.6}$$

式中，$\Lambda = \mu_{it}/\sigma_{it}$，$\varphi(\cdot)$ 和 $\Phi(\cdot)$ 分别为标准正态分布的概率密度函数和累积密度函数；$\delta(s)$ 和 $\gamma(s)$ 分别为式(7.4)和式(7.5)中对应的参数。

在一般的随机边界模型中，由于 $\gamma(s) = 0$，$\partial E(u_{it})/\partial z(s)$ 的符号与式(7.4)中斜率系数 $\delta(s)$ 符号一致，以此推导 $z(s)$ 对生产效率的影响具有严格的单调性。而在 μ_{it} 与 σ_{it} 均为 $z(s)$ 的函数的异方差随机边界模型中，$\gamma(s)$ 不恒为零，在同一组样本中，若 $\partial E(u_{it})/\partial z(s)$ 的正负符号随观测值范围变化而变化，则 $z(s)$ 对 $E(u)$ 的影响具有非单调性(Wang,2002)。

7.2.2　变量选取

(1)投入产出变量的确定

为全面反映我国商业银行传统的存贷业务和快速发展的中间业务，并鉴于数据的可获得性，本章确定随机边界模型中的产出变量为平均存款总额、平均贷款净额①和净佣金与手续费收入，运营投入价格为营业费用与平均资产总额之比，资金投入价格为利息支出与平均存款总额之比。投入产出变量的定义与计算方式见表 7.1。

(2)分析变量的选取

资本充足性、流动性和贷款损失准备计提情况是监管当局监督检查商业银行经营审慎性的重点，本章着重分析这 3 类监管指标与银行效率的关系。

1)资本充足性指标

无论是在国际监管准则还是各国监管实践中，资本充足状况都是对商业银行监管的核心。《巴塞尔协议Ⅲ》除了提高各类资本充足率最低要求外，还构建了杠杆率指标以弥补资本充足率监管的不足。鉴于核心资本充足率与资本充足率计算方式和指标含义相似，本章选取资本充足率和杠杆率作为资本充足性监管指标。

---

① 鉴于产出质量对银行效率的重要影响，本章借鉴 Havrylchyk(2006)、Sun 和 Chang(2011)的方法，将扣除贷款损失准备后的贷款净额作为产出变量以更准确地计算银行效率。

2)流动性指标

金融危机充分暴露了流动性对于银行业的重要性,因此,巴塞尔委员会于2010年12月发布的《流动性风险计量、标准和检测的国际框架》将流动性风险控制由第二支柱的检查指导提升至第一支柱的指标监管内容层面。由于计算流动性覆盖率、净稳定融资比例等国际监管指标所需数据不可获得,本章选取我国监管实践中采用的贷存比和流动性比率作为流动性监管指标。

3)贷款损失准备指标

虽然目前全球只有西班牙、澳大利亚和中国等部分国家对计提贷款损失准备提出严格的监管要求,但建立逆周期的动态拨备监管制度已引起了政策制定者的广泛关注(李怀珍,2012)。我国在拨备覆盖率监管的基础上,于2011年进一步明确了贷款拨备率与拨备覆盖率相结合的动态贷款损失准备监管制度。本章选取贷款拨备率和拨备覆盖率作为贷款损失准备监管指标。

(3)控制变量的选择

商业银行经营行为不仅受政府监管的制约,还受各种内外部因素的影响。借鉴国内外对银行效率的相关研究,本章选取GDP、赫芬达指数、银行总资产以及上市状态作为反映宏观经济环境、行业结构、资产规模和银行治理状况的控制变量。

各类变量的定义及计算方式见表7.1。

表7.1　变量的定义及计算方式

类别	名称	代码	定义(计算方式)
成本或利润	成本总额	TC	利息支出+营业费用
	利润总额	TP	税前利润总额
产出数量	平均贷款净额	y_1	贷款净额=贷款总额-贷款损失准备
	平均存款总额	y_2	略
	净佣金与手续费收入	y_3	手续费及佣金收入-手续费及佣金支出
投入价格	运营成本	w_1	$\frac{\text{营业费用}}{\text{平均资产总额}}$
	资金成本	w_2	$\frac{\text{利息支出}}{\text{平均存款总额}}$
监管变量	资本充足率	car	$\frac{\text{总资本-对应资本扣减项}}{\text{风险加权资产}}$
	杠杆率	lr	$\frac{\text{一级资本-对应资本扣减项}}{\text{表内资产总额}}$①

① 依据《商业银行杠杆率管理办法》,杠杆率的计算方式为(一级资本-对应扣减项)/调整后的表内外资产总额,但由于表外资产以及表内外资产调整项数据不可获得,本章用(一级资本-对应扣减项)/表内资产总额代替。

续表

类别	名称	代码	定义(计算方式)
监管变量	贷存比	ldr	$\frac{各项贷款余额}{各项存款余额}$
	流动性比率	ldx	$\frac{流动性资产}{活期存款余额}$①
	拨备覆盖率	pc	$\frac{贷款损失准备}{不良贷款余额}$
	贷款拨备率	lpr	$\frac{贷款损失准备}{各项贷款余额}$
控制变量	经济发展水平	ln GDP	GDP 的自然对数
	行业结构	HHI	赫芬达指数
	资产规模	ln A	银行资产总额的自然对数
	上市状态	lb	上市商业银行为 1,其他为 0

7.2.3 数据来源与样本描述

我国银行业监管理念和方式经历了资产负债比例管理到审慎性风险监管的发展历程。2003 年中国银监会成立和随后《银行业监督管理法》的颁布实施标志着我国银行业监管步入规范化、法制化轨道,不但审慎性监管体系不断完善,而且对银行的约束能力也明显增强。因此,本章以 2003 年作为分析的起点,选取 2003—2012 年我国商业银行为样本,数据来源于 Bankscope 数据库。为避免数据间勾稽关系矛盾、报告错误以及重复计算等数据质量问题,本章以各商业银行公开公布的年报对其进行校订,以确保本研究的严谨。剔除部分数据不全样本后共获得 95 家商业银行 676 个观测值,数据描述见表 7.2。

表 7.2 各监管变量的描述性统计

年份	观测值数	统计量	car	lr	ldr	ldx	pc	lpr
2003	24	均值	0.076	0.037	0.739	0.474	0.723	0.032
		标准差	0.020	0.012	0.191	0.732	1.580	0.040
2004	41	均值	0.069	0.036	0.719	0.326	0.706	0.023
		标准差	0.045	0.020	0.156	0.158	1.142	0.024

① 依据《商业银行风险监管核心指标》,流动性比率的计算方式为流动资产/流动负债,但由于流动负债数据不可获得,并鉴于活期存款是流动负债的主要构成,本章用流动资产/活期存款余额代替。

续表

年份	观测值数	统计量	car	lr	ldr	ldx	pc	lpr
2005	56	均值	0.087	0.043	0.693	0.376	0.947	0.022
		标准差	0.038	0.023	0.161	0.180	1.321	0.011
2006	74	均值	0.098	0.049	0.702	0.398	1.125	0.022
		标准差	0.026	0.015	0.155	0.189	1.106	0.010
2007	88	均值	0.109	0.053	0.685	0.499	1.518	0.022
		标准差	0.041	0.023	0.126	0.213	1.694	0.010
2008	79	均值	0.123	0.057	0.673	0.610	1.504	0.026
		标准差	0.041	0.023	0.102	0.233	0.791	0.012
2009	83	均值	0.129	0.062	0.664	0.581	2.152	0.023
		标准差	0.025	0.021	0.094	0.250	1.285	0.010
2010	81	均值	0.129	0.061	0.626	0.771	3.013	0.024
		标准差	0.018	0.016	0.124	0.360	1.642	0.012
2011	76	均值	0.131	0.064	0.629	1.011	3.889	0.026
		标准差	0.018	0.017	0.116	0.629	1.853	0.010
2012	74	均值	0.135	0.066	0.637	1.170	3.480	0.027
		标准差	0.016	0.019	0.103	0.562	1.429	0.008
合计	676	均值	0.115	0.056	0.669	0.653	2.087	0.025
		标准差	0.038	0.026	0.131	0.458	1.777	0.014

从表 7.2 可知，在监管政策的指引下，我国商业银行各项审慎性指标逐年提高：2003—2012 年，平均资本充足率、杠杆率分别由 7.6% 和 3.7% 提升至 13.5% 和 6.6%，流动性比率由 47.4% 提升至 117%，贷存比由 73.9% 下降至 63.7%，拨备覆盖率更是由 72.3% 提高到了 348%。银行的风险补偿与抵御能力显著增强，资产质量明显提高。

7.2.4 实证模型

为更全面地了解银行经营效率，并便于对经营效率作出更深入的分析，本章选用成本效率（CE）和利润效率（PE）作为银行经营效率的度量指标。成本效率通过测度银行实际成本与同等条件下前沿效率银行最小成本的距离以反映其成本控制能力；与此对应，利润效率通过测度银行实际利润与同等条件下前沿效率银行最大利润的距离以反映其利润创造能力。

采用超对数随机边界函数,并在函数中加入时间项以反映银行效率随时间的变化趋势。另外,鉴于资本充足性、流动性和贷款损失准备3类监管指标中各变量计算方式相似,为避免共线性,本章分别选用car, ldr, pc和lr, ldx, lpr作为监管变量构建模型1和模型2。

经对称性和价格齐次性处理后的超对数随机边界模型为:

$$\ln\left(\frac{T_{it}}{w_{2it}}\right) = a + b\ln\left(\frac{w_{1it}}{w_{2it}}\right) + \sum_{n=1}^{3} c_n \ln y_{nit} + dt + e\left(\ln\left(\frac{w_{1it}}{w_{2it}}\right)\right)^2 + \sum_{m=1}^{3}\sum_{n=1}^{3} g_{mn}\ln y_{mit}\ln y_{nit} + ft^2 + \sum_{n=1}^{3} h_n \ln\left(\frac{w_{1it}}{w_{2it}}\right)\ln y_{nit} + kt\ln\left(\frac{w_{1it}}{w_{2it}}\right) + \sum_{n=1}^{3} l_n t\ln y_{nit} + \varepsilon_{it} \tag{7.7}$$

$$\varepsilon_{it} = v_{it} \pm u_{it} \tag{7.8}$$

$$v_{it} \sim N(0, \sigma_v) \tag{7.9}$$

$$u_{it} \sim N^+(\mu_{it}, \sigma_{it}^2) \tag{7.10}$$

$$\mu_{it} = p_0 + p_1 cr_{it} + p_2 ld_{it} + p_3 pr_{it} + p_4 \ln \mathrm{GDP}_t + p_5 \mathrm{HHI}_t + p_6 \ln A_{it} + p_7 lb_{it} \tag{7.11}$$

$$\sigma_{it}^2 = \exp(q_0 + q_1 cr_{it} + q_2 ld_{it} + q_3 pr_{it} + q_4 \ln \mathrm{GDP}_t + q_5 \mathrm{HHI}_t + q_6 \ln A_{it} + q_7 lb_{it}) \tag{7.12}$$

式(7.7)为随机边界成本函数或利润函数;式(7.8)为复合误差项的构成,在成本函数中$\varepsilon_{it} = v_{it} + u_{it}$,在利润函数中$\varepsilon_{it} = v_{it} - u_{it}$,$u_{it}$与$v_{it}$独立不相关;式(7.9)、式(7.10)分别为随机误差项和无效率项的分布假定;式(7.11)、式(7.12)分别为无效率项的均值方程和方差方程。i为第i家商业银行;t为第t期;在成本函数与利润函数中T分别为成本总额(TC)和税前利润总额(TP);w和y分别为投入价格和产出数量;a–q均为待估参数;cr, ld和pr为监管变量,在模型1中它们分别为car, ldr和pc,在模型2中分别为lr, ldx和lpr。

7.3　随机边界模型的实证结果

7.3.1　银行经营效率的估算结果

采用Stata 12.0对式(7.7)至式(7.12)进行极大似然估计,并由式(7.6)计算$z(s)$对$E(u)$的边际影响。随机边界模型的估计结果见表7.3,模型对数似然值、似然比检验以及各变量系数的显著性状况均表明模型整体效果较好。

基于Battese和Coelli(1988)效率值计算方法,对模型1和模型2分别计算我国商业银行2003—2012年的成本效率和利润效率。

从效率值计算结果来看,2003—2012年我国商业银行平均成本效率和平均利润效率分别大致为93%和65%①,成本控制能力明显好于利润创造能力。在变化趋势上,成本效率和利润效率总体上均逐年提升,但利润创造能力提升程度明显高于成本控制能力,并且成本控制能力的稳定性要好于利润创造能力,这与之前的研究(何蛟 等,2010;程茂勇 等,2011)结论基本一致。

7.3.2 均值和方差方程中各参数的估计与分析

分析各监管变量对银行成本效率和利润效率的影响是本章的主旨,表7.3报告了随机边界模型无效率项均值与方差方程中各参数系数的估计结果。

表7.3 随机边界模型估计结果(模型1)

变量	成本效率		利润效率	
	均值方程	方差方程	均值方程	方差方程
car	-1.448***	1.967	-7.583***	-0.653
	0.475	3.114	1.846	1.781
ldr	0.679***	-3.799***	-0.378	0.672
	0.173	0.953	0.638	0.712
pc	-0.186***	0.218***	-0.764***	0.174***
	0.059	0.051	0.185	0.039
ln *A*	-0.066*	0.177	0.063	-0.274***
	0.039	0.109	0.077	0.093
ln GDP	0.254	-0.192	-0.065	0.136**
	0.239	0.137	0.064	0.065
lb	0.039	-0.976	0.201*	-1.403***
	0.133	0.632	0.106	0.374
HHI	4.941	-7.325	-17.158***	-31.291***
	4.194	9.748	4.402	8.783
_cons	-4.549	0.565	4.462***	3.124
	4.557	2.939	1.502	2.285
Log *L*	685.179		-275.593	

① 由于模型1与模型2分别使用不同的监管变量参数化随机边界模型的均值和方差方程,会导致前沿函数系数估计值的不一致,并导致效率值计算结果的差异,但在不同模型中各银行效率值排序没有变化,这与Caudill 等(1995)以及Liu 等(2009)的研究结论一致。

续表

变量	成本效率		利润效率	
	均值方程	方差方程	均值方程	方差方程
Prob>chi2	0.000		0.000	
观测值数	676		676	
效率均值	0.934		0.649	

注:①括号内为标准差;② ***, **, * 分别表示在 1% ,5% 和 10% 的水平下显著,下同。

表 7.3(续)　随机边界模型估计结果(模型 2)

变量	成本效率		利润效率	
	均值方程	方差方程	均值方程	方差方程
lr	−7.153**	10.124**	−35.655***	4.513
	2.865	4.643	8.195	3.500
ldx	0.132*	1.182***	0.030	−0.500***
	0.079	0.417	0.067	0.194
lpr	1.087	−17.813*	−1.957	2.813
	0.924	10.333	6.473	5.238
ln *A*	−0.013	−0.321**	−0.341***	−0.000 1
	0.021	0.132	0.087	0.069
ln GDP	0.000 2	0.103	−0.063	0.044
	0.022	0.131	0.048	0.062
lb	−0.956	1.447	1.626***	−3.406***
	2.498	2.125	0.619	0.693
HHI	−0.671	−34.147***	−20.093***	−3.048
	2.377	11.844	5.785	6.381
_cons	0.400	−7.329**	8.118***	−0.470
	0.642	3.666	1.797	1.790
Log *L*	680.503		−305.610	
Prob>chi2	0.000		0.000	
观测值数	676		676	
效率均值	0.933		0.680	

在随机边界模型中，无效率项的均值和方差分别表示效率损失和效率的不确定性（Bera 和 Sharma，1999）。因此，均值和方差方程中 $z(s)$ 的系数为负表明该因素降低了效率损失或增强了效率的稳定性；反之，则反。对监管变量与银行效率关系的分析如下：

（1）资本充足性与银行效率

在成本和利润效率模型的均值方程中，资本充足率和杠杆率的系数均显著为负，表明提高资本充足率或杠杆率抑制了银行的风险承担，促进了成本和利润效率的提升。在成本效率模型的方差方程中，杠杆率的系数显著为正，说明该指标越高的银行其成本效率具有更大的不确定性。

（2）流动性与银行效率

提高贷存比抑制了银行成本效率，但对利润效率的作用不明显。表明银行过多的信贷投放不仅须负担较大的融资成本和信贷管理成本，而且将承担较高的信用风险与流动性风险，导致成本效率下降。并且激进的信贷政策提高的利差收益可能被增加的成本或潜在的风险损失所抵消，不能促进利润效率的提升。从方差方程来看，提高贷存比有助于减少成本效率的波动。

流动性比率与成本效率呈负向关系，但与利润效率的关系不显著。表明较高的流动性比率将导致银行承担过多的流动资产持有成本，降低了成本效率。并且提高流动性比率以弥补流动性短缺的潜在收益可能被持有流动性头寸的机会成本所抵消，未能增进利润效率。方差方程表明，较高的流动性比率还会导致成本效率较大的波动，但有助于降低利润效率的不确定性。

（3）贷款损失准备与银行效率

在成本和利润效率模型的均值方程中，拨备覆盖率的系数均显著为负，在方差方程中，该指标的系数均显著为正。表明提高拨备覆盖率能有效降低信贷风险损失，增进银行经营效率。该指标同时也反映了银行的资产质量状况，资产质量更差的银行具有更大的效率不确定性。此外，提高贷款拨备率未能显著增进银行成本和利润效率，但能一定程度地减少成本效率的波动性。

（4）其他因素对银行效率的影响

总体而言，资产规模越大的银行具有越强的成本控制和利润创造能力，且效率不确定性更低。而宏观经济环境并没有对银行效率构成显著影响。同时，上市银行也没有体现出更高的经营效率，但具有更高的效率稳定性。另外，行业集中度越高，银行能获取越多的垄断利润，表现出较高的利润效率和效率稳定性。

7.4 监管指标与银行效率的非线性关系分析

审慎性监管的核心在于确定恰当的监管标准以较好地平衡银行的风险与收益,因此,进一步讨论监管指标对银行效率的影响程度能更充分地说明审慎性监管的有效性。正如Chortareas 等(2012)所言,“银行监管常采取量化的指标形式,但设定的监管标准却往往是不准确的,譬如过低的资本充足率标准增加了银行破产风险,而过高的指标要求则会使银行负担不必要的成本。”事实上,不同状态下提高监管指标对银行效率的作用程度可能会不同:当银行处于较大的风险暴露时,监管要求迫使银行减持高风险资产或增强风险覆盖能力,这有助于促进经营效率的大幅提升;而当银行风险控制能力提升至一定程度后,提高监管指标则可能导致资产配置扭曲或管理成本的加速上升,其结果将是经营效率提升缓慢,甚至会造成效率损失。以此而论,审慎性监管指标与银行效率可能存在边际递减、边际递增或非单调性等非线性作用关系。

本章在计算 $z(s)$ 对 $E(u)$ 边际影响的基础上,从以下两个方面检验监管变量与银行效率是否存在边际递减(增)或非单调性等非线性作用关系:第一,按监管变量的大小将样本均分为5 组,计算总体和各组的边际成本或利润效率损失均值,进行1 000 次自体抽样(Bootstrap)以检验其显著性,并进行组间1 000 次自体抽样进行 t 检验以检验各组均值差异的显著性;第二,对监管变量与边际成本或利润效率损失进行非线性曲线拟合。鉴于边际影响的计算依赖于均值方程中 $z(s)$ 的系数,本章重点分析在随机边界模型均值方程中系数显著的监管变量与银行效率的非线性关系。

7.4.1 资本充足性对银行效率的非线性作用

资本充足率对银行利润效率的影响具有边际递减性,并且对成本效率的作用存在非单调性:从表7.4 和表7.5 可知,在资本充足率最低的第1 组观测值中,其对成本和利润效率损失的平均边际影响分别为-0.41 和-5.18,由于 $\partial E(u_{it})/\partial z(s_{it}) = -\partial(\ln y_{it})/\partial z(s_{it})$,这意味着提高1%的资本充足率将促进银行成本效率和利润效率分别提升0.41%和5.18%。与此对应,资本充足率最高的第5 组观测值中,该指标提高1%将导致成本效率损失0.02%,利润效率增幅降为1.50%。图7.1 和图7.2 中,资本充足率与边际成本和利润效率损失的logistic 函数分别为 $\partial E(u_{it})/\partial car_{it} = -0.77 + 0.80/\{1 + \exp[-47.87 \times (car_{it} - 0.07)]\}$ 和 $\partial E(u_{it})/\partial car_{it} = -8.55/\{1 + \exp[24.63 \times (car_{it} - 0.08)]\}$,各系数均在1%水平下显著,拟合度分别为0.48 和0.84。在成本效率模型中,当 $car = 0.1378$ 时,$\partial E(u)/\partial car = 0$,意味着当资本充足率大于13.78%时,提高该指标将会导致银行成本效率损失,略高于新监管准则规定的最低资本充足率要求。

表 7.4　资本充足率对成本效率损失的边际影响

变量	分组	变量均值	效率均值	边际效率损失均值	95% 的 Bca 置信区间	
car	总体	0.115	0.934	−0.125	−0.151	−0.098
	第 1 组	0.066	0.911	−0.409***	−0.495	−0.323
	第 3 组	0.115	0.938	−0.056***	−0.097	−0.014
	第 5 组	0.163	0.940	0.020***	0.004	0.036

注:①Bca 置信区间是指总体和各组边际成本或利润效率损失 1 000 次自体抽样得到均值的 Bias corrected accelerated 置信区间;

②*号为组间 1 000 次自体抽样 t 检验的显著性结果,其中;第 1 组的*号为该组与第 3 组的组间检验结果;第 3 组的*号为该组与第 5 组的组间检验结果;第 5 组的*号为该组与第 1 组的组间检验结果,下同。

表 7.5　资本充足率对利润效率损失的边际影响

变量	分组	变量均值	效率均值	边际效率损失均值	95% 的 Bca 置信区间	
car	总体	0.115	0.649	−2.919	−3.111	−2.726
	第 1 组	0.066	0.517	−5.177***	−5.526	−4.828
	第 3 组	0.115	0.686	−2.378***	−2.693	−2.062
	第 5 组	0.163	0.735	−1.501***	−1.761	−1.241

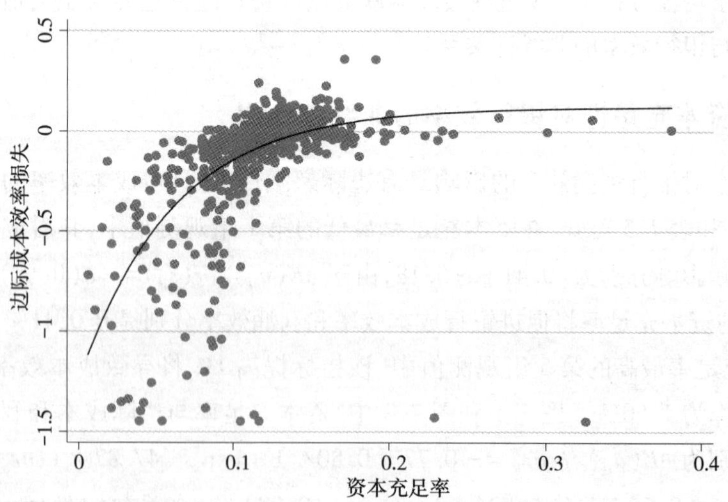

图 7.1　资本充足率与边际成本效率损失的拟合曲线

资本充足率对银行效率的影响具有边际递减性或非单调性,这是因为资本充足率为资本总额与风险加权资产之比,银行一般通过增持资本或减持风险资产以提高该项指标。显

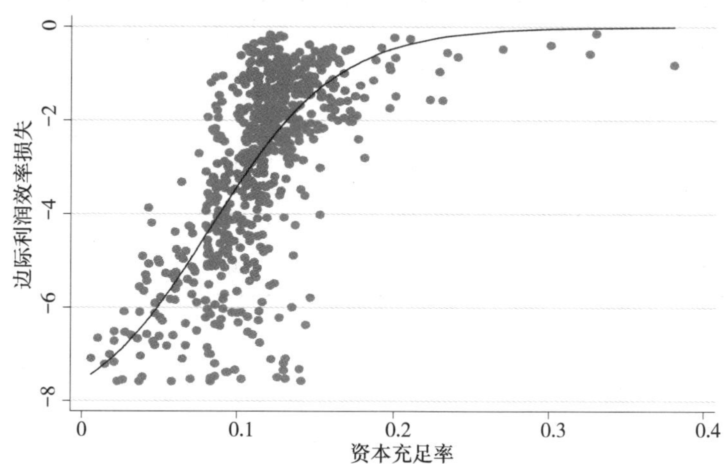

图 7.2 资本充足率与边际利润效率损失的拟合曲线

然,资本充足率越高,银行风险覆盖能力越强,但同时也将承担更多的资本持有成本、减持风险资产的机会成本等各项资产配置成本。因此,当资产充足率较低时,银行破产风险较大,提高该指标以控制风险所得的潜在收益超过了资产配置成本,经营效率得以提升。然而,当资本充足率提高到一定程度后,资产配置成本占据主导,资本充足率对银行效率的促进作用减弱,甚至会导致成本效率损失。

杠杆率对银行成本和利润效率的影响均具有边际递减性:从表 7.6 和表 7.7 来看,杠杆率最低的第 1 组观测值中,提高 1% 的杠杆率将促进成本和利润效率增加 2.51% 和 14.45%,而在杠杆率最高的第 5 组观测值中,其促进作用分别减弱至 0.30% 和 3.04%。在图 7.3 和图 7.4 中,杠杆率与边际成本效率损失和利润效率损失的 logistic 函数分别为 $\partial E(u_{it})/\partial lr_{it} = -14.09 + 14.25/\{1+\exp[-33.49 \times (lr_{it}+0.09)]\}$ 和 $\partial E(u_{it})/\partial lr_{it} = -31.38/\{1+\exp[45.17 \times (lr_{it}-0.02)]\}$,各系数均在 1% 水平下显著,拟合度分别为 0.43 和 0.69。从拟合曲线判断,杠杆率处于 7% 左右时它对银行效率的提升能力明显减弱。

表 7.6 杠杆率对成本效率损失的边际影响

变量	分组	变量均值	效率均值	边际效率损失均值	95% 的 Bca 置信区间	
lr	总体	0.056	0.933	−1.162	−1.289	−1.034
	第 1 组	0.029	0.906	−2.510***	−2.911	−2.109
	第 3 组	0.054	0.947	−0.821***	−0.957	−0.685
	第 5 组	0.087	0.949	−0.297***	−0.362	−0.231

表 7.7　杠杆率对利润效率损失的边际影响

变量	分组	变量均值	效率均值	边际效率损失均值	95%的 Bca 置信区间	
lr	总体	0.056	0.680	-7.077	-7.721	-6.434
	第1组	0.029	0.555	-14.447***	-16.724	-12.171
	第3组	0.054	0.746	-5.237***	-5.972	-4.503
	第5组	0.087	0.738	-3.039***	-3.302	-2.776

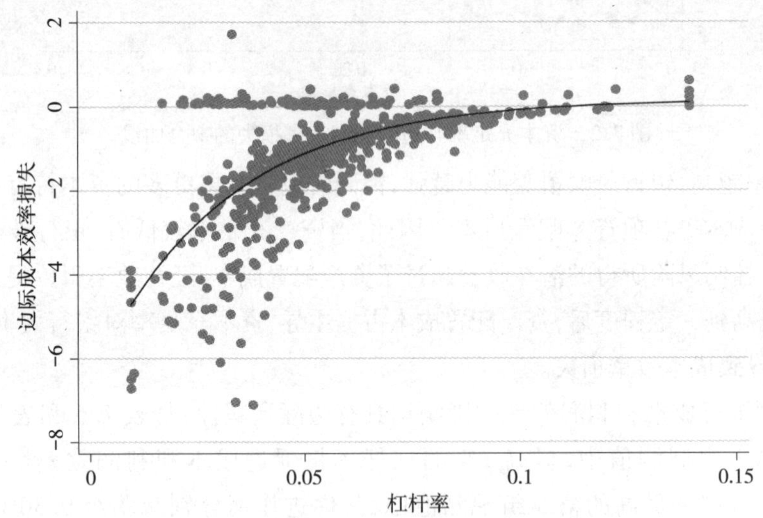

图 7.3　杠杆率与边际成本效率损失的拟合曲线

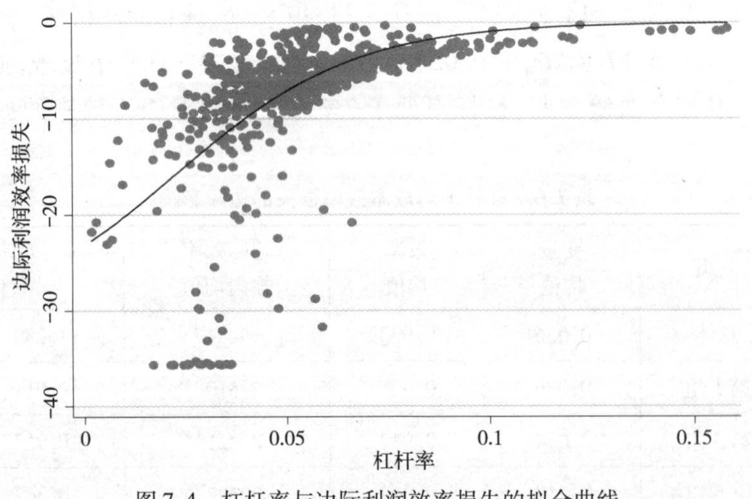

图 7.4　杠杆率与边际利润效率损失的拟合曲线

杠杆率为一级资本与表内外资产总额之比，在资产规模一定时，银行只能增加高成本的一级资本以提高该项指标。因此，当杠杆率较低时，提高该指标有助于防止银行的资本监管套利和风险积累，经营效率得以快速提升。但资本对风险的缓释能力达到一定阶段后，杠杆率却使银行承担过多的资本成本或限制了其资产规模扩张，这阻碍了效率的进一步提升，表现为杠杆率对银行效率的促进作用具有边际递减性。

7.4.2　流动性指标对银行效率的非线性作用

贷存比对银行成本效率的影响具有非单调性：从表 7.8 可知，在该指标最低的第 1 组观测值中，提高 1% 的贷存比将促进成本效率提升 0.22%；与此相反，贷存比最高的第 5 组观测值中，提高该指标将产生 0.08% 的效率损失。在图 7.5 中，贷存比与边际成本效率损失的 logistic 函数为 $\partial E(u_{it})/\partial ldr_{it} = -3.99 + 15.06/\{1 + \exp[-0.29 \times (ldr_{it} - 4.29)]\}$，各系数均在 10% 水平下显著，拟合度为 0.42。当 $ldr = 0.7809$ 时，$\partial E(u)/\partial ldr = 0$，表明当贷存比大于 78.09% 时，提高该指标将导致银行成本效率损失，略高于当前我国 75% 的贷存比监管规定。

表 7.8　贷存比对成本效率损失的边际影响

变量	分组	变量均值	效率均值	边际效率损失均值	95% 的 Bca 置信区间	
ldr	总体	0.669	0.934	−0.084	−0.102	−0.067
	第 1 组	0.494	0.910	−0.221***	−0.250	−0.192
	第 3 组	0.678	0.942	−0.101***	−0.124	−0.078
	第 5 组	0.834	0.931	0.079***	0.028	0.130

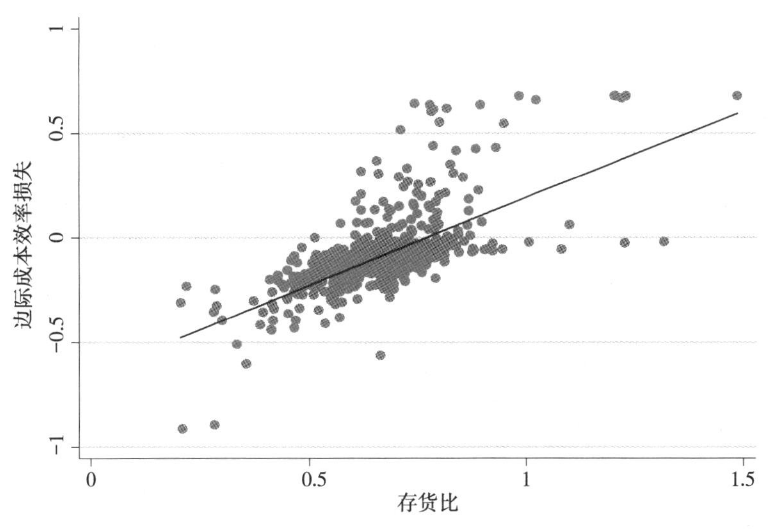

图 7.5　贷存比与边际成本效率损失的拟合曲线

贷存比对银行效率存在非单调性影响的原因在于：在贷款相对于存款较少时，信贷投放的收益能有效弥补存款和信贷管理成本，有助于提升银行效率；但在高存款准备金率等条件下,银行为维持较高的贷款比例须采取较吸收存款成本更高的方式筹集可贷资金,这增加了融资成本,同时增大了信用风险和信贷管理成本,造成了成本效率损失。

流动性比率对银行成本效率的抑制作用具有边际递增性:从表 7.9 可知,在流动性比率最低的第 1 组观测值中,提高 1% 的流动性比率将导致成本效率下降 0.07%,而在流动性比率最高的第 5 组中,提高 1% 该指标造成的成本效率损失为 0.09%。在图 7.6 中,流动性比率与边际成本效率损失的指数函数为 $\partial E(u_{it})/\partial ldx_{it}=0.06\times 1.37^{ldx_{it}}$,各系数均在 1% 水平下显著,拟合度为 0.80。

在高利差的经营环境中,银行大部分流动资产的收益率均低于贷款利率或其他非流动资产收益率,流动性头寸具有极高的机会成本。同时,在当前我国银行业务范围严格限制等条件下,银行流动性相对过剩(陈锋,2008)。因此,流动性比率会造成银行的效率损失,并且当流动性风险得到有效覆盖后,提高流动性比率将使银行牺牲更多的成本效率,表现为流动性比率对成本效率具有边际递增的抑制作用。

表 7.9　流动性比率对成本效率损失的边际影响

变量	分组	变量均值	效率均值	边际效率损失均值	95% 的 Bca 置信区间	
ldx	总体	0.653	0.933	0.079	0.075	0.083
	第 1 组	0.244	0.945	0.066***	0.059	0.074
	第 3 组	0.541	0.930	0.085***	0.077	0.093
	第 5 组	1.322	0.914	0.093*	0.082	0.104

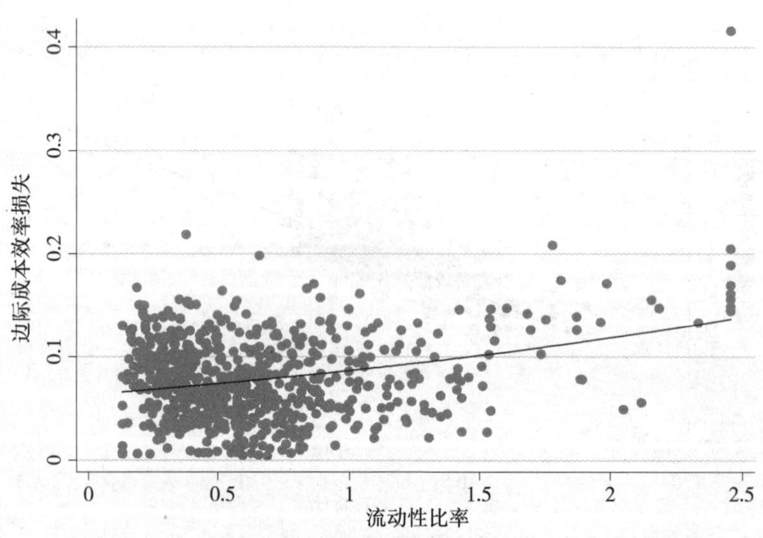

图 7.6　流动性比率与边际成本效率损失的拟合曲线

7.4.3 拨备覆盖率对银行效率的非线性作用

拨备覆盖率对银行成本和利润效率的影响均具有非单调性：从表 7.10 和表 7.11 可知，该指标最低的第 1 组观测值中，提高 1% 的拨备覆盖率将促使银行成本和利润效率分别提升 0.06% 和 0.50%，而在拨备覆盖率最高的第 5 组观测值中，提高 1% 该指标将产生 0.005% 和 0.004% 的成本与利润效率损失。在图 7.7 和图 7.8 中，拨备覆盖率与边际成本和利润效率损失的指数函数分别为 $\partial E(u_{it})/\partial pc_{it} = 0.003 - 0.11 \times 0.23^{pc_{it}}$ 和 $\partial E(u_{it})/\partial pc_{it} = 0.04 - 0.68 \times 0.54^{pc_{it}}$，各系数均在 10% 水平下显著，拟合度分别为 0.52 和 0.71。在成本和利润效率模型中，当 pc 分别等于 2.45 和 4.60 时，$\partial E(u)/\partial pc = 0$，表明当拨备覆盖率大于 245% 和 460% 时，提高该指标将导致银行成本和利润效率损失，高于当前我国 150% 的拨备覆盖率监管标准。

表 7.10　拨备覆盖率对成本效率损失的边际影响

变量	分组	变量均值	效率均值	边际效率损失均值	95% 的 Bca 置信区间	
pc	总体	2.087	0.934	-0.018	-0.021	-0.014
	第 1 组	0.363	0.900	-0.062***	-0.073	-0.051
	第 3 组	1.636	0.947	-0.008***	-0.009	-0.006
	第 5 组	4.912	0.935	0.005***	0.004	0.007

表 7.11　拨备覆盖率对利润效率损失的边际影响

变量	分组	变量均值	效率均值	边际效率损失均值	95% 的 Bca 置信区间	
pc	总体	2.087	0.649	-0.238	-0.259	-0.218
	第 1 组	0.363	0.491	-0.502***	-0.534	-0.469
	第 3 组	1.636	0.633	-0.212***	-0.242	-0.183
	第 5 组	4.912	0.770	0.004***	-0.000 3	0.008

拨备覆盖率对银行效率的影响具有非单调性，其内在机理在于：银行提取更多的贷款损失准备能更充分地覆盖信贷风险，有助于提升经营效率，但同时也占用了大量的可贷资金，尤其在我国高利差的信贷环境中，准备金具有高昂的机会成本。因此，贷款损失准备对不良贷款的吸收能力达到饱和后，其补偿信贷风险的潜在收益已弱于准备金的机会成本，银行提取过多的贷款损失准备反而不利于其成本控制和利润创造。

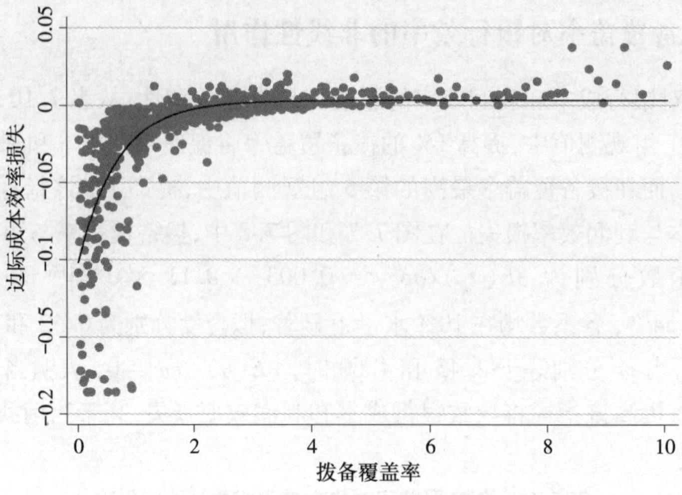

图 7.7　拨备覆盖率与边际成本效率损失的拟合曲线

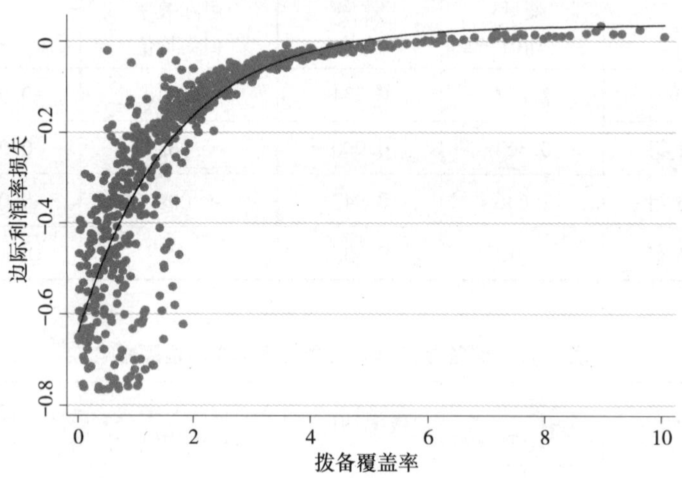

图 7.8　拨备覆盖率与边际利润效率损失的拟合曲线

本章小结

本章采用异方差随机边界模型和 2003—2012 年我国 95 家商业银行的数据，测算银行的成本效率和利润效率，分析现行主要审慎性监管指标对银行成本效率和利润效率的影响。在此基础上，进一步计算这些监管指标对成本效率和利润效率的边际影响，并采用自体抽样法和非线性拟合研究它们与银行成本效率和利润效率的非线性关系。

研究发现：①样本期我国银行平均成本效率和利润效率分别为 93% 和 65%，总体上二者均呈逐年改善的趋势，但利润效率的提升程度明显高于成本效率。②资本充足率、杠杆率对银行成本和利润效率均具有边际递减的促进作用：提高资本充足性指标有助于增进银行效率，但过高的资本充足性要求则阻碍了效率的进一步提升，甚至会导致成本效率损失。

③贷存比对银行成本效率的影响具有非单调性：处于监管标准以下的贷存比有利于银行成本效率的提升，而过度的信贷投放则会导致效率损失。流动性比率对银行成本效率具有边际递增的抑制作用。④贷款拨备率与银行经营效率的关系不显著。拨备覆盖率对银行成本和利润效率的作用均存在非单调性：提高拨备覆盖率能有效增进银行效率，但提取过多的贷款损失准备将会导致银行效率损失。

研究表明：虽然总体而言按我国现行标准施行的审慎性监管没有造成银行经营效率的损失，但当审慎性监管使银行资产配置成本超过风险控制的潜在收益时，提高监管指标不仅不利于银行经营效率的提升，甚至会造成效率损失，进而造成银行特许权价值下降，风险自律效应减弱，最终导致银行承担更多风险。因此，监管当局单纯依靠提高审慎性标准的监管方式不可持续，应动态或柔性地设计监管指标以恰当平衡银行经营的谨慎性与效率性，权衡提高监管要求降低的银行风险与提高监管要求导致银行经营效率损失、特许权价值下降、风险自律作用减弱而增加的风险。同时，商业银行应在满足监管要求的前提下将审慎性指标控制在适当的水平，综合平衡风险与收益以科学合理地配置资源。

第 8 章　研究结论与政策建议

8.1　研究结论

鉴于银行高风险的特殊性、危机的全局性和功能的重要性，各国对银行业均实行特许经营制度，经营银行业务须取得监管当局颁发的金融许可证，并满足严格的监管要求。特许权不仅使银行能获得垄断地位、利率管制、政府隐性担保等经营条件，而且能在规模经济、信息资源、市场声誉等方面形成经营优势。特许权因能为银行创造经济租金而具有较高的价值，同时，特许权及特许权价值会因银行破产而消失。因此，从理论上讲，银行为避免破产而丧失特许权价值，将进行积极的风险管理，采取谨慎的经营策略，即特许权价值具有激励银行控制风险的自律效应。

在特许经营制度下，近年来我国商业银行的经营效益大幅增长，这与实体经济融资成本高、利润率低下形成了强烈反差，因此，业界普遍认为银行凭借特许权抬高了贷款价格，并从中获取了超额收益。那么，这种逻辑是否具有理论依据？银行特许权对贷款价格构成了多大程度的影响？另一方面，随着改革的深入，全面放开利率管制、进一步降低银行业进入门槛、建立健全银行破产机制将是必然趋势，我国严格管制的金融环境将逐步改变，银行过去优越的特许经营条件日趋淡化。同时，市场竞争的加剧和金融创新的发展将使银行的冒险动机更加强烈，银行的潜在风险呈扩大趋势。在此背景下，特许权价值是否具有约束我国商业银行风险的自律效应？会激励银行采取怎样的措施降低风险承担？提升银行经营效率是否有助于提高特许权价值？如何提高银行经营效率？本书在结合我国银行业经营制度分析银行特许权构成及特许权价值来源的基础上，对这些问题进行了理论分析和实证研究。具体而言，本书的主要工作及研究结论如下：

(1)研究银行特许权对贷款价格的影响

首先建立讨价还价博弈模型探讨了市场化条件下贷款价格的形成机制，并从理论层面分析了银行特许权对贷款价格谈判的影响。然后采用双边随机边界模型和 2005—2013 年我国商业银行的数据，实证研究了贷款价格的决定因素，测度了银行凭借特许经营条件和优势形成的议价能力大小及其对贷款价格的影响程度，并分析了银行业市场结构改革背景下借贷双方议价能力的变化趋势。研究发现：

①凭借特许权形成的垄断和经营优势，银行具有较借款人更低的谈判成本，表现出更强的讨价还价能力，在贷款价格谈判中处于强势地位，使谈判达成较高的交易价格。

②除基准利率外，银行的资金成本和管理成本、信贷风险、银行业市场结构以及通货膨胀状况是决定我国贷款价格的主要因素；借贷双方讨价还价是导致贷款价格波动的重要原因。

③虽然利率管制使借贷双方对贷款价格的议价空间受限，但银行凭借特许经营条件和优势能获得近3倍于借款人的剩余，并使贷款的成交价格高出公允价格的0.70%。

④样本期银行和借款人的议价能力均未呈现出与银行业市场结构相一致的变化规律，我国银行业市场结构改革没有显著改变借贷方在贷款价格谈判中的不对称地位。

(2)研究银行特许权价值的风险自律效应

借鉴研究银行特许权价值风险自律效应的状态偏好模型和期权模型，从理论层面分析了隐性存款保险制度下银行的道德风险和特许权价值与银行风险的关系。在此基础上，将银行破产风险分解为经营不确定性与风险覆盖能力、杠杆风险与资产组合风险，建立动态面板模型并采用2003—2013年我国上市银行的数据和系统广义矩估计方法，实证研究了特许权价值对银行各类风险的影响，分析了特许权价值激励银行降低风险承担的途径和方式。研究发现：

①样本期我国商业银行的风险抵御能力逐年提高，破产风险、经营风险、资产组合风险和杠杆风险均呈现出先升后降的变化趋势，银行主要通过提高资本充足性来增强经营的稳健性。

②我国银行的特许权价值具有激励银行控制风险的自律效应，商业银行为避免过高风险而遭受监管当局的惩罚或丧失客户资源，将进行积极的风险管理，采取较为审慎的经营策略。

③银行特许权价值的风险自律效应主要通过激励银行提升风险覆盖能力、降低资产组合风险和抑制杠杆风险实现，较高的特许权价值将激励银行优化资产组合、扩大资本资产比率以增强经营的稳健性。

(3)研究经营效率在银行特许权价值形成中的作用

采用个体效应随机边界模型估计了2003—2013年我国上市商业银行的效率，在此基础上计算了技术效率变化、技术进步、规模效率变化以及广义Malmquist全要素生产率指数，将其作为银行经营效率的度量指标，并以此衡量银行价值创造能力，建立回归模型并采用广义最小二次法，分析了银行利用特许经营条件和优势创造价值的能力在银行特许权价值形成中的作用。研究发现：

①样本期，我国上市银行的技术效率呈逐年提高趋势，年均达0.95%，高于采用一般随机边界方法计算的效率值；银行全要素生产率年均增长4.14%，主要来源于技术进步，其次是技术效率的增进和规模效率的提升。

②银行的特许权价值由特许权赋予银行的经营条件与优势和银行自身的价值创造能力

共同决定，银行经营效率越高，将特许经营条件和优势转化为经营效益的能力越强，银行的特许权价值更高。

③银行利用特许权创造价值的能力主要表现为资源配置能力和规模化经营能力，技术进步对提升银行特许权价值的作用不明显。

（4）研究法制环境、股权结构对银行经营效率的影响

在理论分析股权结构对法制环境与银行经营效率关系的调节作用的基础上，采用2005—2014年我国城市商业银行的数据和随机边界分析方法，计算银行的广义Malmquist全要素生产率指数，并以此作为银行经营效率的度量指标，实证研究法制环境、股权结构对银行经营效率的影响。研究发现：

①整体而言，样本期我国城市商业银行的全要素生产率、技术效率、技术进步逐年增长，而规模效率呈下降趋势。国有股东控股的城市商业银行其经营效率略高于非国有股东控股的城市商业银行。

②控股股东的股权性质与银行经营效率无明显关系，控股股东的持股方式也对银行经营效率没有显著影响。

③法制环境对银行经营效率的影响因其股权结构而异，在法制水平高的环境中，非国有股东控股银行的经营效率能显著提高，而国有股东控股银行的经营效率却明显下降。

（5）研究现行主要审慎性监管指标与银行经营效率的非线性关系

采用异方差随机边界模型和2003—2012年我国商业银行的数据，测算银行的成本效率和利润效率，并以此作为衡量银行经营效率的指标，分析资本充足性、流动性、贷款损失准备3类审慎性监管指标与银行经营效率的非线性关系。研究发现：

①总体而言，样本期我国银行的成本效率和利润效率均呈逐年提高的变化趋势，但前者的提高程度明显低于后者。

②提高资本充足率和杠杆率均有助于提升银行经营效率，但这种提升作用呈边际递减的变化趋势，过高的资本充足性监管要求阻碍了银行经营效率的进一步提升，甚至会导致银行成本效率损失。

③处于监管标准以下的贷存比有利于增进银行成本效率，但过高的贷存比则会造成银行成本效率损失。流动性比率对银行成本效率具有抑制作用，且这种抑制作用呈边际递增的变化趋势。

④贷款拨备率对银行经营效率没有显著影响。提高拨备覆盖率能增进银行经营效率，但提取过多的贷款损失准备将会造成银行成本效率损失。

8.2 政策建议

基于本书的理论分析和实证研究结果，提出如下政策建议：

①进一步降低银行业进入门槛，建立多层次的银行业金融体系，同时完善商业银行的公司治理机制。

较高的行业进入壁垒和严格的竞争限制政策使银行形成了对资金供给的垄断，同时监管要求、行业标准、杠杆经营使银行在收集信息、获得市场声誉、形成规模经济等方面具有优势。凭借垄断和经营优势，银行具有较企业更强的议价能力，在价格谈判中处于强势地位，能够“掠夺”企业的剩余，使贷款的成交价格高于公允价格，直接推高了企业的融资成本。从这个角度讲，特许权降低了资金配置效率和社会福利。因此，缓解企业融资贵问题，需要在保持银行业稳健运行的前提下，进一步降低市场进入门槛，持续优化行业市场结构，并建立多层次的银行业金融体系，强化资金供给的市场竞争。同时，还需积极培育资金价格的市场形成机制，通过建立融资联盟、完善担保机制等方式提升企业对贷款的议价能力。

另外，我们还注意到，由于市场机制在信贷资源配置中的基础性作用尚未充分发挥，政府通过股权控制、行政命令等方式干预银行经营行为的现象依然严重。近年来，虽然我国银行业市场结构改革取得了一定成效，但在贷款价格形成中，银行与借款人的不对称地位却没有随之改善。因此，降低企业融资成本，需要在持续优化银行业市场结构的同时，完善商业银行的公司治理结构，减少政府对银行经营行为的干预。

②保持适当的银行特许权价值，发挥特许权价值抑制银行风险的自律效应。

银行特许权虽然具有推高企业融资成本、降低社会福利的负面效应，但特许权价值也具有激励银行谨慎经营、抑制银行风险的积极效果。因此，在银行业改革中需要合理平衡这两者之间的关系，在维持银行业稳健运行的同时提高社会资金配置效率。在当前我国银行业市场竞争日趋激烈、银行潜在风险逐步扩大的情况下，有效控制银行风险，需要保持适度的银行特许权价值，发挥特许权价值约束银行风险的自律作用，促使银行在经营中主动采取积极的风险管理策略，增强风险抵御能力。

③提高银行经营效率，增强银行利用特许权创造价值的能力。

银行特许权价值不仅来源于金融政策赋予的特许经营条件和行业特性形成的特许经营优势，还取决于银行的经营效率。随着利率管制的放开、银行业进入门槛的降低、存款保险制度的建立以及银行破产机制的完善，银行的特许经营条件将逐步淡化。在此背景下，保持适度的银行特许权价值，发挥其对银行风险的自律效应，需要不断提升银行经营效率，提高其利用现有特许经营条件和优势创造价值的能力。

④内外兼修、适度监管，持续提高银行经营效率。

提高银行经营效率在增强银行经营发展能力的同时，也提高了银行特许权价值，间接增强了银行经营的稳健性。当前需重点从以下两个方面提升银行效率：一是内外兼修，提升银行经营的外部法治水平和市场化程度与深化银行内部股权结构改革双管齐下，根据外部环境建立与之相适应的内部决策机制；二是适度监管，综合平衡提高监管要求直接降低的银行风险，与提高监管要求造成银行经营效率损失、特许权价值降低而间接导致的银行风险承担增加的关系。

8.3　未来研究展望

虽然本书在梳理银行特许权构成和特许权价值来源的基础上，对我国银行特许权与资金价格的关系、特许权价值对银行风险承担的影响、经营效率在提升银行特许权价值中的作用、提高银行经营效率的途径等问题进行了一定探索性的研究，但受限于客观条件和笔者的学术能力，本书还存在一些不足，还有待于在未来的研究中逐步改进和完善。

(1)利率管制完全放开后，银行特许权对贷款价格的影响

样本期贷款价格虽然在一定程度上由借贷双方谈判协商确定，但贷款利率仍处于下限管制状态，借款人的讨价还价空间受到一定的限制，借贷方谈判议价因素在贷款价格形成中的作用还相对较弱。为更充分地说明利率市场化条件下贷款价格的形成机制，更准确地测度借贷双方的议价能力大小和银行特许权对贷款价格的影响程度，还需要采用贷款利率完全放开后的样本数据对这些问题进行深入、系统的研究。

(2)特许权对银行其他经营活动的影响

受限于样本和数据，本书仅分析了特许权对银行贷款定价行为的影响。事实上，商业银行还具有信用卡、资金结算等多项中间业务。另外，随着利率管制的全面放开，商业银行对存款也将具有完全的自主定价权。在此背景下，深入研究特许权对银行其他经营业务的影响，对于全面认识特许权在银行经营活动中的作用、深入理解特许权为银行创造价值的具体过程都具有重要的意义，同时这也是笔者未来关注和研究的内容。

(3)对特许权价值与银行风险的关系进行更深入的理论分析

本书在说明特许权价值对银行风险的影响时主要借鉴现有成熟的理论模型，没有进行更深入的理论分析。同时，本书虽然从实证层面研究了特许权价值激励银行控制风险的路径与方式，但没有对此问题进行更细致的理论探讨。另外，现有部分文献认为，特许价值与银行风险的关系可能受宏观经济环境、政府隐性担保、银行业发展阶段等因素的调节，但限于样本和数据，本书的实证研究中没有进一步考虑这些因素。因此，未来还需要对这些问题进行更全面、系统的研究。

(4)采用其他方法度量特许权价值和银行风险

为保持与现有研究一致并便于比较，本书在实证分析中采用托宾 Q 度量银行的特许权价值，并以 Z 值度量银行破产风险。事实上，国内外部分学者还采用多种方法、从不同角度衡量了特许权价值和银行风险，因此，为更充分地说明银行特许权价值的来源、构成及其与银行风险的关系，还需要在后续研究中进一步采用其他度量方法。

(5)对银行经营效率的进一步分析

本书的研究发现，提高经营效率具有提升银行经营发展能力和促使银行增强经营稳健

性的“双重功效”。但对于银行经营效率的影响因素，本书仅从法制环境、股权结构、监管要求 3 个方面进行了分析。事实上，市场竞争、公司治理等诸多因素都可能影响银行经营效率，并且同一因素对不同类型或不同时期银行经营行为的影响也可能存在差异。为更全面了解我国银行的经营效率问题，还需要对其决定因素作更深入的探究。

附 录

附录1 中资商业银行行政许可事项实施办法(修订)

中国银监会中资商业银行行政许可事项实施办法(修订)(摘录)

1. 中资商业银行法人机构的设立条件

①有符合《中华人民共和国公司法》和《中华人民共和国商业银行法》规定的章程;

②注册资本为实缴资本,最低限额为10亿元人民币或等值可兑换货币,城市商业银行法人机构注册资本最低限额为1亿元人民币;

③有符合任职资格条件的董事、高级管理人员和熟悉银行业务的合格从业人员;

④有健全的组织机构和管理制度;

⑤有与业务经营相适应的营业场所、安全防范措施和其他设施;

⑥建立与业务经营相适应的信息科技架构,具有支撑业务经营的必要、安全且合规的信息科技系统,具备保障信息科技系统有效安全运行的技术与措施。

2. 中资商业银行法人机构的筹建及开业

中资商业银行法人机构设立须经筹建和开业两个阶段。

国有商业银行法人机构、股份制商业银行法人机构的筹建申请,应当由发起人各方共同向银监会提交,银监会受理、审查并决定。城市商业银行法人机构的筹建申请,应当由发起人各方共同向拟设地银监局提交,拟设地银监局受理并初步审查,银监会审查并决定。

国有商业银行、股份制商业银行法人机构的开业申请应当向银监会提交,由银监会受理、审查并决定。城市商业银行法人机构的开业申请应当向所在地银监局提交,由所在地银监局受理、审查并决定。

中资商业银行法人机构应当在收到开业核准文件并按规定领取金融许可证后,根据工商行政管理部门的规定办理登记手续,领取营业执照。

3. 中资商业银行申请设立分行的条件

①具有良好的公司治理结构;

②风险管理和内部控制健全有效;

③主要审慎监管指标符合监管要求;

④具有拨付营运资金的能力;

⑤具有完善、合规的信息科技系统和信息安全体系,具有标准化的数据管理体系,具备保障业务连续有效安全运行的技术与措施;

⑥监管评级良好;

⑦最近 2 年无严重违法违规行为和因内部管理问题导致的重大案件;

⑧银监会规章规定的其他审慎性条件。

4. 中资商业银行申请开办基础类衍生产品交易业务的条件

①具有健全的衍生产品交易风险管理制度和内部控制制度;

②具有接受相关衍生产品交易技能专门培训半年以上、从事衍生产品或相关交易 2 年以上的交易人员至少 2 名,相关风险管理人员至少 1 名,风险模型研究人员或风险分析人员至少 1 名,熟悉套期会计操作程序和制度规范的人员至少 1 名,以上人员均需专岗专人,相互不得兼任,且无不良记录;

③有适当的交易场所和设备;

④具有处理法律事务和负责内控合规检查的专业部门及相关专业人员;

⑤主要审慎监管指标符合监管要求;

⑥银监会规章规定的其他审慎性条件。

5. 中资商业银行申请开办普通类衍生产品交易业务的条件

除应符合申请开办基础类衍生产品交易业务的条件外,还应符合以下条件:

①完善的衍生产品交易前、中、后台自动连接的业务处理系统和实时风险管理系统;

②衍生产品交易业务主管人员应具备 5 年以上直接参与衍生产品交易活动或风险管理的资历,且无不良记录;

③严格的业务分离制度,确保套期保值类业务与非套期保值类业务的市场信息、风险管理、损益核算有效隔离;

④完善的市场风险、操作风险、信用风险等风险管理框架;

⑤银监会规章规定的其他审慎性条件。

6. 中资商业银行申请开办信用卡业务的条件

①公司治理良好,主要审慎监管指标符合监管要求,具备与业务发展相适应的组织机构和规章制度,内部控制、风险管理和问责机制健全有效。

②信誉良好,具有完善、有效的内控机制和案件防控体系,最近 3 年无严重违法违规行为和因内部管理问题导致的重大案件。

③具备符合任职资格条件的董事、高级管理人员和熟悉银行业务的合格从业人员。高级管理人员中具有信用卡业务专业知识和管理经验的人员至少 1 人,具备开展信用卡业务必需的技术人员和管理人员,并全面实施分级授权管理。

④具备与业务经营相适应的营业场所、相关设施和必备的信息技术资源。

⑤已在境内建立符合法律法规和业务管理要求的业务系统，具有保障相关业务系统信息安全和运行质量的技术能力。

⑥开办外币信用卡业务的，应具有经国务院外汇管理部门批准的结汇、售汇业务资格。

⑦银监会规章规定的其他审慎性条件。

附录 2　存款保险条例

存款保险条例（摘录）

1. 适用对象

在中华人民共和国境内设立的商业银行、农村合作银行、农村信用合作社等吸收存款的银行业金融机构（以下统称投保机构）。

2. 被保险的存款范围

投保机构吸收的人民币存款和外币存款。金融机构同业存款、投保机构的高级管理人员在本投保机构的存款以及存款保险基金管理机构规定不予保险的其他存款除外。

3. 存款保险的偿付方式

存款保险实行限额偿付，最高偿付限额为人民币 50 万元。同一存款人在同一家投保机构的所有被保险存款账户的存款本金和利息合并计算的资金数额在最高偿付限额以内的，实行全额偿付；超出最高偿付限额的部分，依法从投保机构清算财产中受偿。

4. 存款保险费率的计算方式

存款保险费率由基准费率和风险差别费率构成。费率标准由存款保险基金管理机构根据经济金融发展状况、存款结构情况以及存款保险基金的累积水平等因素制定和调整，报国务院批准后执行。

各投保机构的适用费率，由存款保险基金管理机构根据投保机构的经营管理状况和风险状况等因素确定。

5. 保费的交纳方式

投保机构应当交纳的保费，按照本投保机构的被保险存款和存款保险基金管理机构确定的适用费率计算，具体办法由存款保险基金管理机构规定。

投保机构应按照存款保险基金管理机构的要求定期报送被保险存款余额、存款结构情况以及与确定适用费率、核算保费、偿付存款相关的其他必要资料。

投保机构应按照存款保险基金管理机构的规定，每 6 个月交纳一次保费。

6. 核查

发现有下列情形之一的，可以进行核查：

①投保机构风险状况发生变化，可能需要调整适用费率的，对涉及费率计算的相关情况进行核查。

②投保机构保费交纳基数可能存在问题的，对其存款的规模、结构以及真实性进行核查。

③对投保机构报送的信息、资料的真实性进行核查。对核查中发现的重大问题，应当告知银行业监督管理机构。

7. 信息共享

存款保险基金管理机构参加金融监督管理协调机制，并与中国人民银行、银行业监督管理机构等金融管理部门、机构建立信息共享机制。

存款保险基金管理机构应当通过信息共享机制获取有关投保机构的风险状况、检查报告和评级情况等监督管理信息。

前款规定的信息不能满足控制存款保险基金风险、保证及时偿付、确定差别费率等需要的，存款保险基金管理机构可以要求投保机构及时报送其他相关信息。

8. 风险警示

存款保险基金管理机构发现投保机构存在资本不足等影响存款安全以及存款保险基金安全情形的，可以对其提出风险警示。

9. 提高保费情形

投保机构因重大资产损失等原因导致资本充足率大幅度下降，严重危及存款安全以及存款保险基金安全的，投保机构应当按照存款保险基金管理机构、中国人民银行、银行业监督管理机构的要求及时采取补充资本、控制资产增长、控制重大交易授信、降低杠杆率等措施。

投保机构有前款规定的情形，且在存款保险基金管理机构规定的期限内未改进的，存款保险基金管理机构可以提高其适用费率。

10. 处罚情形

投保机构有下列情形之一的，由存款保险基金管理机构责令限期改正；逾期不改正或者情节严重的，予以记录并作为调整该投保机构的适用费率的依据：

①未依法投保；

②未依法及时、足额交纳保费；

③未按照规定报送信息、资料或者报送虚假的信息、资料；

④拒绝或者妨碍存款保险基金管理机构依法进行核查；

⑤妨碍存款保险基金管理机构实施存款保险基金的使用方案。

投保机构有前款规定情形的，存款保险基金管理机构可以对投保机构的主管人员和直接责任人员予以公示。投保机构有前款第二项规定情形的，存款保险基金管理机构还可按日加收未交纳保费部分0.05%的滞纳金。

11. 施行时间

自2015年5月1日起施行。

附录3 我国存贷款利率市场化进程

附表3.1 我国存贷款利率市场化进程汇总

时间	主要政策措施
1996年5月	金融机构的贷款利率可上下浮动10%,农村信用社的贷款利率最高可上浮40%
1998年3月	规定再贴现利率作为独立的利率档次由中央银行确定,贴现利率和转贴现利率在再贴现利率基础上加点生成,在不超过同期贷款利率(含浮动)的前提下由商业银行自定
1998年11月	将金融机构对小企业的贷款利率最高上浮幅度由10%扩大到20%,农村信用社的贷款利率最高上浮幅度由40%扩大到50%,对大中型企业的贷款利率最高上浮幅度维持10%不变
1999年9月	将金融机构对中小企业的贷款利率最高上浮幅度扩大到30%,大型企业的贷款利率最高上浮幅度仍为10%,贷款利率下浮幅度为10%,而农村信用社的贷款利率最高上浮幅度维持50%不变
1999年10月	央行批准中资银行法人对中资保险(放心保)公司法人试办由双方协商确定利率的大额定期存款(最低起存金额为3 000万元,期限在5年以上不含5年)
2000年9月	放开外币贷款利率和300万美元(含300万美元)以上的大额外币存款利率;300万美元以下的小额外币存款利率仍由央行统一管理
2002年1月	扩大农村信用社利率改革试点范围,进一步扩大农村信用社利率浮动幅度
2002年3月	统一中、外资金融机构外币利率管理政策,实现中外资金融机构在外币利率政策上的公平待遇
2002年11月	下调小额存款利率与国际金融市场接轨
2003年7月	放开境内英镑、瑞士法郎、加拿大元的外币小额存款利率管理,由各商业银行自行确定并公布。对美元、日元、港币、欧元的外币小额存款利率实行上限管理,各商业银行可根据国际金融市场的利率变化,在不超过上限的前提下自由确定
2003年8月	允许浙江、福建及内蒙古等地8个试点地区农村信用社的贷款利率上浮不超过贷款基准利率的2倍
2004年1月	将商业银行、城市信用社贷款利率的浮动区间上限扩大到贷款基准利率的1.7倍,农村信用社贷款利率的浮动区间上限扩大到贷款基准利率的2倍,金融机构贷款利率的浮动区间下限保持为贷款基准利率的0.9倍不变。同时推出一系列扩大商业银行贷款定价自主权的措施:放开贷款计、结息方式,由银企双方协商确定;人民币中、长期贷款利率由原来的“一年一定”,改为由借贷双方按商业原则确定,可由合同期间按月、按季、按年调整,也可采用固定利率的确定方式;人民币5年期以上档次贷款利率,由金融机构参照央行公布的5年期以上贷款利率自主确定
2004年3月	实行再贷款(再贴现)浮息制度

续表

时间	主要政策措施
2004 年 10 月	金融机构(不含城乡信用社)的贷款利率原则上不再设定上限,贷款利率下限仍为基准利率的 0.9 倍。城乡信用社贷款利率仍实行上限管理,最高上浮系数为贷款基准利率的 2.3 倍。所有存款类金融机构对其吸收的人民币存款利率,可在不超过各档次存款基准利率的范围内浮动。存款利率不能上浮
2004 年 11 月	在调整境内小额外币存款利率的同时,放开 1 年期以上小额外币存款利率下限,保留上限
2005 年 1 月	决定不再对房地产抵押贷款实行优惠利率,房贷利率恢复到与同期商业贷款利率相一致的水平,允许在央行规定的基准利率基础上下浮 10%
2005 年 3 月	放开金融机构同业存款利率
2005 年 9 月	允许商业银行决定除定期和活期存款外的 6 种存款的利息定价权
2006 年 5 月	计划建立报价式的中国货币市场基准利率 Shibor;明确开展人民币利率互换交易试点的有关事项;正式开始人民币利率互换交易
2006 年 8 月	商业性个人住房贷款利率的下限由贷款基准利率的 0.9 倍扩大为 0.85 倍,其他商业性贷款利率下限保持 0.9 倍不变
2007 年 1 月	中国货币市场基准利率——上海银行间同业拆放利率(Shibor)开始正式运行
2008 年 10 月	进一步提升了金融机构住房抵押贷款利率的自主定价权,将商业性个人住房贷款利率的下限由贷款基准利率的 0.85 倍扩大到 0.7 倍
2012 年 6 月	调整金融机构利率浮动区间,首次允许存款利率上浮,上限为基准利率的 1.1 倍,同时放宽贷款利率浮动区间,下限调整为基准利率的 0.8 倍
2012 年 7 月	再次将金融机构贷款利率浮动区间的下限调整至基准利率的 0.7 倍
2013 年 7 月	取消金融机构贷款利率 0.7 倍的下限,由金融机构根据商业原则自主确定贷款利率水平。并取消票据贴现利率管制,改变贴现利率在再贴现利率基础上加点确定的方式,由金融机构自主确定
2013 年 12 月	规定存款类金融机构可在银行间市场发行利率以市场化方式确定的同业存单
2015 年 5 月	金融机构存款利率浮动区间的上限由存款基准利率的 1.3 倍调整为 1.5 倍
2015 年 8 月	放开一年期以上(不含一年期)定期存款的利率浮动上限
2015 年 10 月	对商业银行和农村合作金融机构等不再设置存款利率浮动上限

附录4　替换成交价格变量后银行特许权对贷款价格的影响分析

(1)模型估计

双边随机边界模型的估计结果,见附表4.1。

附表4.1　双边随机边界模型的估计结果

变量	模型1	模型2	模型3	模型4
FC	0.701 7***	0.857 1***	0.054 7	0.332 0***
	0.175 9	0.171 4	0.117 9	0.121 7
RR	−0.585 5	−0.475 1	0.685 1	0.939 1**
	0.380 1	0.418 1	0.529 3	0.477 1
AC	0.735 6***	0.871 7***	1.381 2***	1.590 7***
	0.142 0	0.108 5	0.161 8	0.157 3
CR	0.018 2	0.021 3	0.049 5***	0.054 0***
	0.016 2	0.016 0	0.016 3	0.014 9
HHI	0.584 4***	0.436 9***	0.316 4	0.647 3**
	0.091 9	0.128 7	0.315 3	0.273 6
BI	0.755 1***	0.689 7***	0.750 2***	0.595 0***
	0.146 3	0.150 7	0.230 3	0.207 2
M_2gr	0.064 1***	0.055 6***	0.041 9	0.060 8**
	0.008 7	0.010 2	0.029 6	0.026 0
FD	0.016 0	0.013 1	−0.025 6	−0.033 4*
	0.010 6	0.011 2	0.020 0	0.017 7
CAR		0.017 1		0.018 0
		0.010 6		0.014 6
LDR		−0.032 6***		−0.021 1***
		0.004 6		0.004 0

续表

变量	模型 1	模型 2	模型 3	模型 4
LDX		0.001 8		0.011 2***
		0.004 7		0.004 3
ln Z		-0.000 3		-0.001 1**
		0.000 2		0.000 4
MBD		-0.015 3***		-0.024 3***
		0.002 9		0.003 5
T			0.001 9**	0.002 2***
			0.000 9	0.000 8
_cons	0.066 9***	0.074 2***	-0.047 5	-0.061 1**
	0.005 6	0.014 0	0.036 1	0.030 7
R^2	0.498 1	0.550 8		
Log likelihood			2 239.476 7	2 296.674 6

注:①Hausman 检验显示,模型 1 和模型 2 均宜采用固定效应形式。

②经 Wald 检验和 Wooldridge 检验发现,模型 1 和模型 2 均存在显著的异方差和组内自相关,因此,本部分在 OLS 估计的基础上,采用 Hoechle(2007)建议的 Driscoll-Kraay 标准差计算稳健性 t 值。

③ ***, **, * 分别表示在 1%,5% 和 10% 的水平下显著。

(2)方差分解

借贷双方议价能力对贷款价格波动的影响,见附表 4.2。

附表 4.2 借贷双方议价能力对贷款价格波动的影响

类别	符号	定义	测算结果
议价机制	σ_w	银行议价能力的影响	0.012 1
	σ_u	企业议价能力的影响	0.004 8
	σ_v	随机因素的影响	0.001 9
方差分解	$\sigma_w^2+\sigma_u^2+\sigma_v^2$	总方差	0.000 2
	$\frac{\sigma_w^2+\sigma_u^2}{\sigma_w^2+\sigma_u^2+\sigma_v^2}$	借贷双方议价能力的影响占总方差的比重	0.979 6
	$\frac{\sigma_w^2}{\sigma_w^2+\sigma_u^2+\sigma_v^2}$	银行议价能力的影响占总方差的比重	0.847 6
	$\frac{\sigma_u^2}{\sigma_w^2+\sigma_u^2+\sigma_v^2}$	企业议价能力的影响占总方差的比重	0.132 1

(3)借贷方获取的剩余估计

借贷双方获得的剩余统计,见附表 4.3,银行获取剩余、企业获取剩余和净剩余的分布特征分别如附图 4.1 至附图 4.3 所示。

附表 4.3 借贷双方获得的剩余统计

剩余类型	均值/%	标准差/%	Q_1/%	Q_2/%	Q_3/%	Q_4/%
银行获取的剩余	1.194 3	1.089 7	0.384 3	0.750 3	1.583 2	4.722 9
企业获取的剩余	0.474 7	0.316 9	0.340 8	0.341 5	0.436 0	1.834 8
净剩余	0.719 6	1.230 8	−0.051 7	0.408 8	1.242 4	4.382 0

注:Q_1 ~ Q_4 分别表示各指标在对应四分位上的均值。

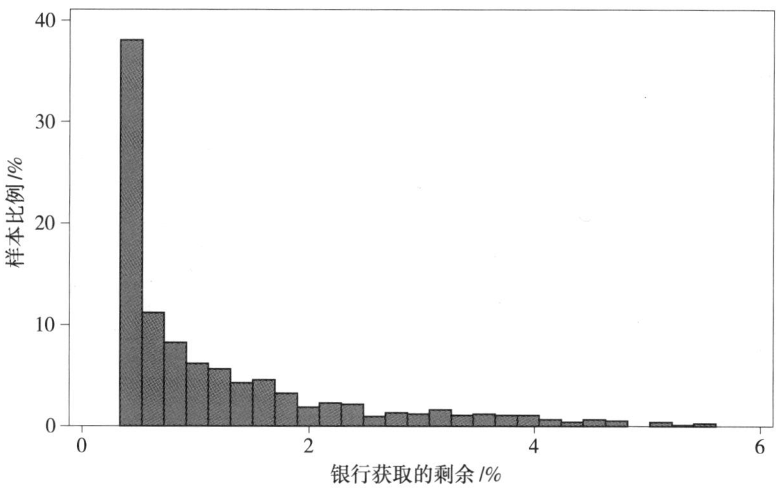

附图 4.1 银行获取剩余的分布特征

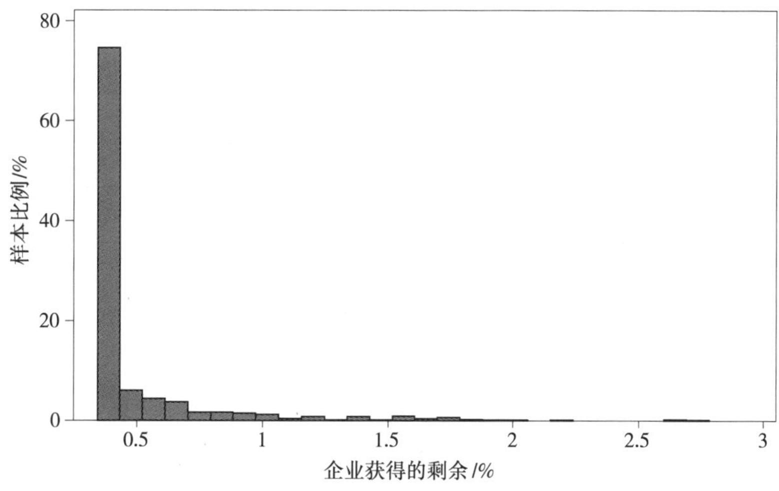

附图 4.2 企业获取剩余的分布特征

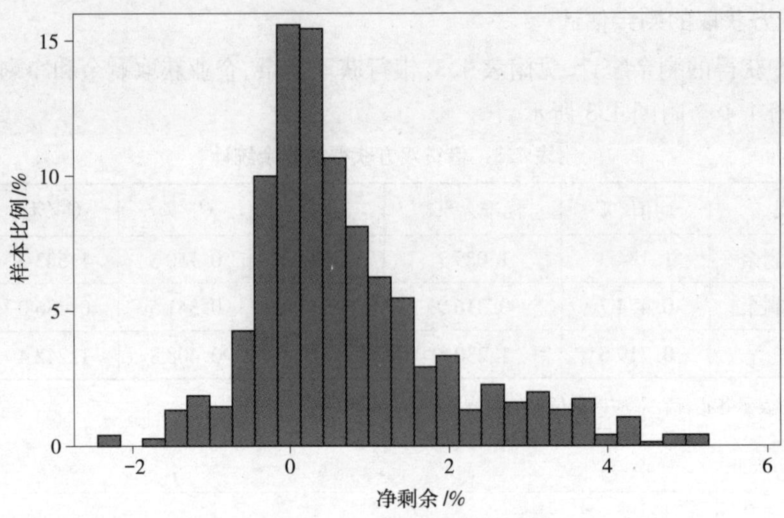

附图 4.3　净剩余的分布特征

(4)借贷双方获取剩余的时间趋势

借贷双方获取剩余的年度统计,如附图 4.4 所示。

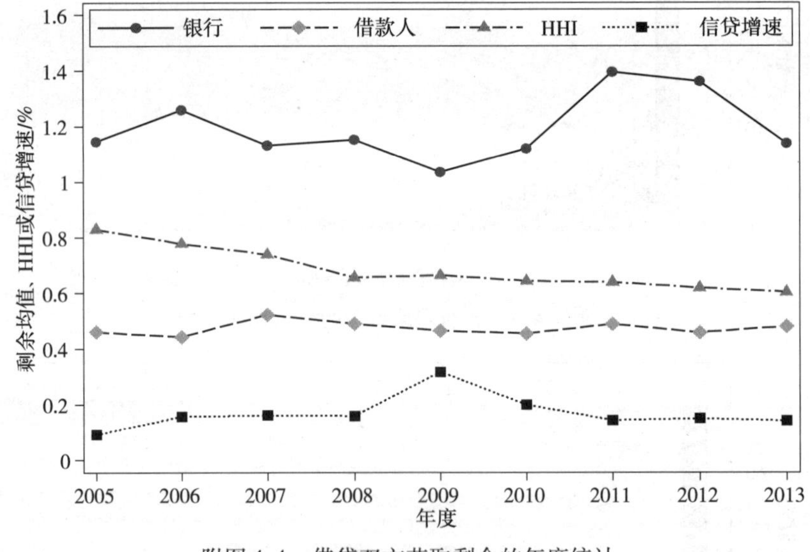

附图 4.4　借贷双方获取剩余的年度统计

附录 5 替换交易条件后银行特许权对贷款价格的影响分析

(1)模型估计(见表 3.3)

(2)方差分解

借贷双方议价能力对贷款价格波动的影响,见附表 5.1。

附表 5.1 借贷双方议价能力对贷款价格波动的影响

类别	符号	定义	测算结果
议价机制	σ_w	银行议价能力的影响	0.012 8
	σ_u	企业议价能力的影响	0.004 7
	σ_v	随机因素的影响	0.004 1
方差分解	$\sigma_w^2+\sigma_u^2+\sigma_v^2$	总方差	0.000 2
	$\frac{\sigma_w^2+\sigma_u^2}{\sigma_w^2+\sigma_u^2+\sigma_v^2}$	借贷双方议价能力的影响占总方差的比重	0.917 6
	$\frac{\sigma_w^2}{\sigma_w^2+\sigma_u^2+\sigma_v^2}$	银行议价能力的影响占总方差的比重	0.810 6
	$\frac{\sigma_u^2}{\sigma_w^2+\sigma_u^2+\sigma_v^2}$	企业议价能力的影响占总方差的比重	0.107 0

(3)借贷双方获取的剩余估计

借贷双方获取的剩余统计见附表 5.2,银行获取剩余、企业获取剩余和净剩余的分布特征分别如附图 5.1 至附图 5.3 所示。

附表 5.2 借贷双方获取的剩余统计

剩余类型	均值/%	标准差/%	Q_1/%	Q_2/%	Q_3/%	Q_4/%
银行获取的剩余	1.269 1	1.134 1	0.467 2	0.804 4	1.635 0	5.246 6
企业获取的剩余	0.464 6	0.260 9	0.341 2	0.356 4	0.465 9	1.584 3
净剩余	0.804 5	1.253 5	0.001 2	0.448 1	1.293 8	4.905 4

注:Q_1 ~ Q_4 分别表示各指标在对应四分位上的均值。

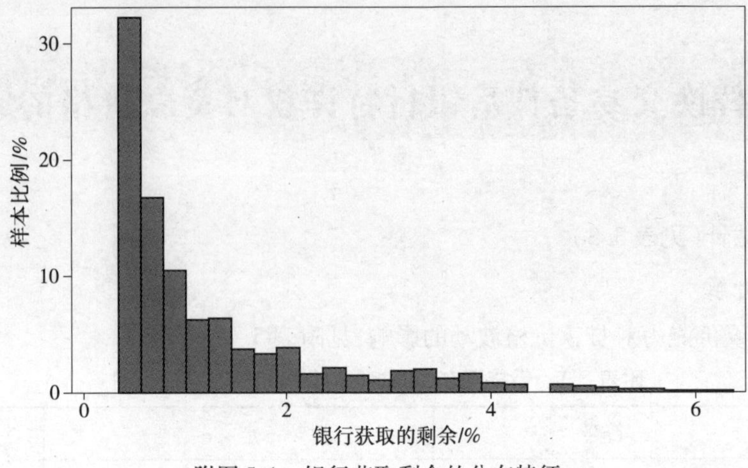

附图 5.1　银行获取剩余的分布特征

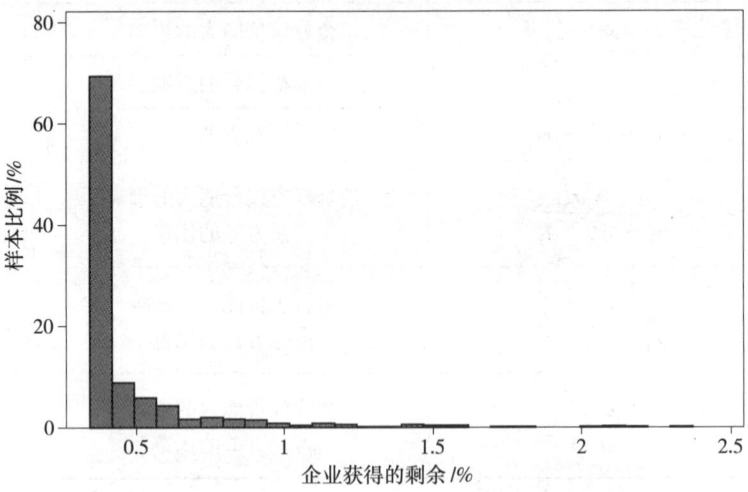

附图 5.2　企业获取剩余的分布特征

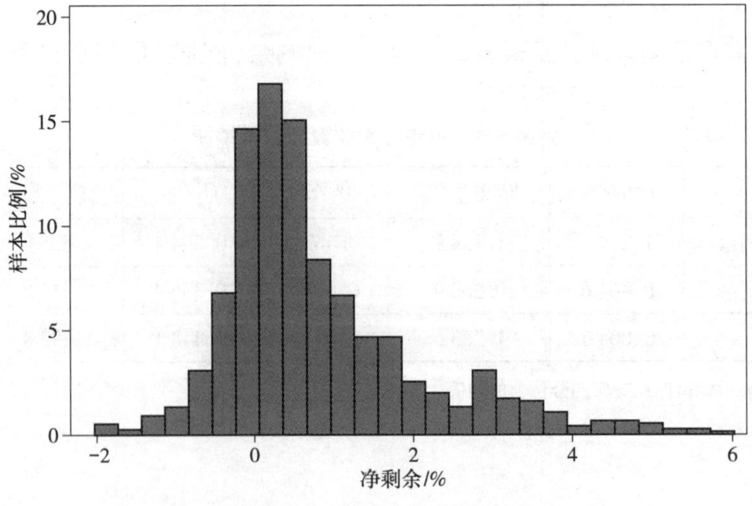

附图 5.3　净剩余的分布特征

(4)借贷双方获取剩余的时间趋势

借贷双方获取剩余的年度统计,如附图 5.4 所示。

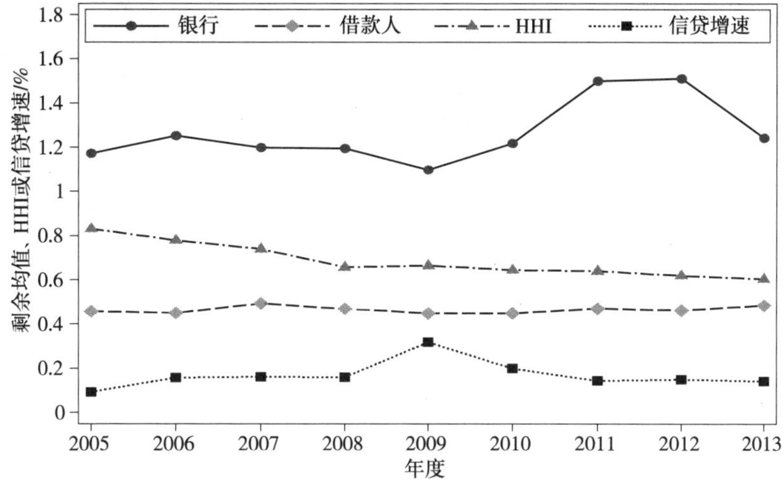

附图 5.4　借贷双方获取剩余的年度统计

参考文献

曹廷求,王营,2010. 特许权价值、公司治理机制和商业银行风险承担[J]. 金融论坛(10):12-18.

曹廷求,张光利,2011. 特许权价值、市场结构与银行风险承担[J]. 上海金融(10):32-38.

陈锋,2008. 我国商业银行流动性过剩问题探析[J]. 金融研究(10):198-206.

程茂勇,赵红,2011. 市场势力对银行效率影响分析——来自我国商业银行的经验数据[J]. 数量经济技术经济研究(10):78-91.

段军山,邹新月,周伟卫,2011. 贷款行为、盈余管理与贷款损失准备的动态调整[J]. 金融论坛(5):31-36.

樊纲,王小鲁,朱恒鹏,2011. 中国市场化指数——各地区市场化相对进程 2011 年报告[M]. 北京:经济科学出版社.

伏霖,高然,蒋汇,2011. 银行特许权价值及其影响因素跨国比较[J]. 管理评论(8):52-62.

顾海兵,夏梦,张安军,2013. 1996—2010 年中国利率市场化程度的测定[J]. 价格理论与实践(2):27-28.

韩立岩,李燕平,2006. 中国上市银行特许权价值与风险行为[J]. 金融研究(12):82-91.

韩立岩,李伟,2008. 外资银行进入与中国商业银行特许权价值[J]. 世界经济(10):22-32.

何蛟,傅强,潘璐,2010. 引入外资战略投资者对我国商业银行效率的影响[J]. 中国管理科学,18(5):49-57.

柯孔林,冯宗宪,2013. 中国商业银行全要素生产率增长及其收敛性研究——基于 GML 指数的实证分析[J]. 金融研究(6):146-159.

李怀珍,2012. 银行业动态拨备制度研究[J]. 金融监管研究(2):44-57.

李艳,张涤新,2006. 中国商业银行特许权价值:基于面板数据的实证研究[J]. 当代财经,(3):40-45.

李艳,2006. 中国商业银行特许权价值:1994—2003[J]. 上海金融(2):26-30.

李燕平,韩立岩,2008. 特许权价值、隐性保险与风险承担——中国银行业的经验分析[J]. 金融研究(1):76-87.

李维安,曹廷求,2004. 股权结构、治理机制与城市银行绩效:来自山东、河南两省的调查证据[J]. 经济研究(12):4-15.

李维安,钱先航,2012. 地方官员治理与城市商业银行的信贷投放[J]. 经济学(季刊)(4):1239-1260.

李勇,王满仓,2012. 资本监管、货币政策与商业银行效率非对称效应——基于面板门限回归模型的再检验[J]. 经济评论(2):116-126.
连玉君,苏治,丁志国,2008. 现金-现金流敏感性能检验融资约束假说吗?[J]. 统计研究(10):92-99.
梁缤尹,2005. 论银行自律及其实现[J]. 中南大学学报:社会科学版,11(3):378-384.
刘海洋,逯宇铎,陈德湖,2013. 中国国有企业的国际议价能力估算[J]. 统计研究(5):47-53.
刘明康,2009. 中国银行业改革开放 30 年[M]. 北京:中国金融出版社.
刘阳,洪正,申宇,2012. 政府控股、地方政府竞争与城市商业银行绩效——掠夺之手还是扶助之手?[R]. 经济研究工作论文.
卢洪友,连玉君,卢盛峰,2011. 中国医疗服务市场中的信息不对称程度测算[J]. 经济研究(4):94-106.
陆前进,2002. 银行的特许权价值分析及政策含义[J]. 立信会计高等专科学校学报(3):1-6.
龙海明,谭聪杰,佟仕富,2013. 商业银行特许权价值风险约束效应研究[J]. 财经理论与实践,34(185):9-14.
吕健,2013. 市场化与中国金融业全要素生产率——基于省域数据的空间计量分析[J]. 中国软科学(2):64-80.
马理,杨嘉懿,2012. 特许权价值与商业银行行为选择[J]. 财政研究(8):12-16.
马理,张卓,张琴,2013. 基于轮流出价模型的贷款定价与仿真模拟[J]. 中央财经大学学报(10):25-30.
马晓军,欧阳姝,2007. 中美两国商业银行特许权价值及影响因素的比较研究[J]. 金融研究(4):53-71.
毛捷,金雪军,2007. 巴塞尔新资本协议与银行贷款定价——一个基于信贷市场系统性风险的模型[J]. 经济科学(5):54-65.
彭红枫,叶永刚,2011. 基于还款能力和还款意愿的贷款定价模型研究[J]. 中国管理科学(6):40-47.
彭寿康,戴亭园,2011. 银行特许权价值的内生风险约束效应——基于中国上市银行的实证研究[J]. 金融理论与实践(2):3-8.
钱先航,曹廷求,李维安,2011. 晋升压力、官员任期与城市商业银行的贷款行为[J]. 经济研究,2011(12):72-85.
青木昌彦,2001. 比较制度分析[M]. 周黎安,译. 上海:上海远东出版社.
曲洪建,孙明贵,2010. 特许权价值和单体银行稳健性的关系研究[J]. 财经研究(12):62-71.
曲洪建,2011. 银行特许权价值和稳健性的关系研究[D]. 上海:东华大学.
曲洪建,孙明贵,张相贤,2013a. 特许权价值、公司治理和银行稳健性——基于特许权价值和公司治理交互作用的视角[J]. 财贸研究(5):120-130.
曲洪建,张相贤,王宇明,2013b. 特许权价值、隐性保险和银行稳健性——基于中国上市银行的实证检验[J]. 云南财经大学学报(4):120-127.
尚文程,刘用,张蓓,2012. 银行特许权价值、风险和竞争——来自于中国上市银行的证据

[J]. 财经问题研究(1),38-44.

沈坤荣,李莉,2005. 银行监管:防范危机还是促进发展?——基于跨国数据的实证研究及其对中国的启示[J]. 管理世界(10):6-23.

孙犇,黄河,2010a. 我国银行特许权价值的决定因素分析[J]. 金融理论与实践(8):14-17.

孙犇,黄河,2010b. 中国上市银行特许权价值的自律效应[J]. 金融论坛(11):5-9.

孙秀峰,迟国泰,2010. 中国商业银行效率的内生影响因素研究与实证[J]. 预测,29(2):5-13.

孙秀峰,迟国泰,杨德,2005. 基于参数法的中国商业银行规模经济研究与实证[J]. 中国管理科学,13(4):24-32.

苑素静,2005. 韩国金融危机中银行特许权价值降低的实证分析[J]. 现代财经(12):33-37.

王朝弟,2007. 中小商业银行公司治理机制与经营绩效关系的实证分析[J]. 南开管理评论(4):67-72.

王聪,谭政勋,2007. 我国商业银行效率结构研究[J],经济研究(7):110-123.

王擎,潘李剑,2012. 股权结构、金融生态与城市商业银行绩效[J]. 投资研究(4):65-77.

王擎,吴玮,2012. 资本监管与银行信贷扩张——基于中国银行业的实证研究[J]. 经济学动态(3):63-66.

王廷科,冯嗣全,2009. 银行异质性假设、要素市场不完全竞争与长期竞争优势[J]. 财贸经济(1):47-52.

文玉春,2011. 市场结构、资本管制与银行冒险行为[J]. 当代经济科学,33(1):22-32.

吴秋实,李兆君,2010. 银行业竞争、特许权价值与风险承担研究述评[J]. 中南财经政法大学学报(3):65-69.

吴玮,2011. 资本约束对商业银行资产配置行为的影响——基于 175 家商业银行数据的经验研究[J]. 金融研究(4):65-81.

谢识予,2002. 经济博弈论[M]. 上海:复旦大学出版社.

许国新,石琴,2009. 我国上市银行特许权价值自律效应的实证研究[J]. 中国软科学(1):20-28.

徐传谌,齐树天,2007. 中国商业银行 X-效率实证研究[J],经济研究(3):106-116.

徐明东,陈学彬,2012. 货币环境、资本充足率与商业银行风险承担[J]. 金融研究(7):48-62.

许友传,2011. 资本约束下的银行资本调整与风险行为[J]. 经济评论(1):79-86.

徐忠,沈艳,王小康,等,2009. 市场结构与我国银行业绩效:假说与检验[J]. 经济研究(10):75-86.

杨继光,刘海龙,许友传,2010. 基于 GCRM 模型的信用经济资本测度和贷款定价研究[J]. 统计研究(7):60-64.

姚树洁,姜春霞,冯根福,2011. 中国银行业的改革与效率:1995—2008[J]. 经济研究(8):4-14.

袁晓玲,张宝山,2009. 中国商业银行全要素生产率的影响因素研究——基于 DEA 模型的

Malmquist 指数分析[J]. 数量经济技术经济研究(4):93-116.

詹姆士 · R. 巴茨,杰瑞德 · 卡普里奥,罗斯 · 莱文,2008. 反思银行监管[M]. 黄毅,张晓朴,译. 北京:中国金融出版社.

张健华,王鹏,2010. 中国银行业广义 Malmquist 生产率指数研究[J]. 经济研究(8):128-140.

张健华,王鹏,2012. 银行风险、贷款规模与法律保护水平[J]. 经济研究(5):18-30.

张庆君,何德旭,2013. 特许权价值、市场竞争与银行稳定研究述评[J]. 金融理论与实践(10):98-103.

张玉梅,赵勇,2006. 隐性存款保险向显性存款保险转变对银行道德风险的影响[J]. 南方经济(5):104-111.

张雪兰,何德旭,2012. 货币政策立场与银行风险承担——基于中国银行业的实证研究(2000—2010)[J]. 经济研究(5):31-44.

曾维翰,戴淑庚,2013. 两岸银行业技术效率及生产率的比较研究——基于 DEA 和 Malmquist 生产率变动指数法[J]. 金融监管研究(9):1-24.

赵永乐,王均坦,2008. 商业银行效率、影响因素及能量模型的解释效果[J]. 金融研究(3):58-69.

周黎安,2007. 中国地方官员的晋升锦标赛模式研究[J]. 经济研究(7):36-50.

周文,2007. 影响银行冒险行为的因素——来自我国银行业的实证检验[J]. 财经理论与实践,28(149):38-43.

邹新月,邓亭,文东胜,2009. 商业银行规模经济及其内在影响因素实证分析[J]. 预测(4):50-56.

祝继高,饶品贵,鲍明明,2012. 股权结构、信贷行为与银行绩效——基于我国城市商业银行数据的实证研究[J]. 金融研究(7):31-47.

朱红军,李路,曹胜,等,2010. 金融法治环境、股权制衡与银行关联贷款风险——来自中国城市商业银行的经验证据[C]. 中国金融国际年会会议论文.

AGÉNOR P R, AYNAOUI K E, 2010. Excess Liquidity, Bank Pricing Rules, and Monetary Policy[J]. Journal of Banking & Finance,34(5):923-933.

AGUSMAN A, GASBARRO D, ZUMWALT, 2006. Bank Moral Hazard and the Disciplining Factors of Risk Taking: Evidence from Asian Banks during 1998-2003[R]. FMA European Conference, Stockholm.

AIGNER D, LOVELL C A K, SCHMIDT P, 1977. Formulation and Estimation of Stochastic Frontier Production Models[J]. Journal of Econometrics(6):21-37.

ALLEN L, RAI A, 1996. Bank Charter Values and Capital Levels: An International Comparison[J]. Journal of Economics and Business,48(3):269-284.

ALAM N, 2013. Impact of Banking Regulation on Risk and Efficiency in Islamic Banking[J]. Journal of Financial Reporting and Accounting,11(1):29-50.

ARIFF M, CAN L, 2008. Cost and Profit Efficiency of Chinese Banks: A Non-parametric

Analysis[J]. China Economic Review, 19(2):260-273.

BARTH J R, LIN C, MA Y, et al, 2013. Do Bank Regulation, Supervision and Monitoring Enhance or Impede Bank Efficiency? [J]. Journal of Banking and Finance, 37 (8): 2879-2892.

BATTESE G E, COELLI T J, 1988. Prediction of Firm-Level Technical Efficiencies with a Generalised Frontier Production Function and Panel Date[J]. Journal of Econometrics (38): 387-399.

BERA A K, SHARMA S C, 1999. Estimating Production Uncertainty in Stochastic Frontier Production Function Models[J]. Journal of Productivity Analysis, 12(3):187-210.

BERGER A, KLAPPER L, TURK-ARISS R, 2009. Bank Competition and Financial Stability [J]. Journal of Financial Services Research, 35(2):99-118.

BESANKO D, THAKOR A, 1993. Relationship Banking, Deposit Insurance and Bank Portfolio Choice[C]. In Capital Markets and Financial Intermediation[M]. Edited by Mayer C, Vives X. Cambridge: Cambridge University Press.

BEST S, SPRINZEN S, 2010. Basel Ⅲ Proposals Could Strengthen Banks' Liquidity, But May Have Unintended Consequences[R]. BIS Working Paper.

BOYD J H, DE NICOLO G, 2005. The Theory of Bank Risk Taking and Competition Revisited [J]. Journal of Finance(60):1329-1343.

BOUVATIER V, LEPETIT L, 2008. Banks' Procyclical Behavior: Does Provisioning Matter? [J]. International Financial Markets, Institute and Money, 18(5):513-526.

BUSER S, CHEN A, KANE E, 1981. Federal Deposit Insurance, Regulatory Policy and Optimal Bank Capital[J]. Journal of Finance(36):51-60.

CAUDILL S B, FORD J M, 1993. Biases in Frontier Estimation Due to Heteroscedasticity [J]. Economics Letters, 41(1):17-20.

CAVALLO, ROSSI, 2001. Scale and Scope Economics in the European Banking Systems [J]. Journal of Multination Financial Management (11):515-531.

CEBENOYAN A S, COOPERMAN E S, REGISTER C A, 1999. Ownership Structure, Charter Value, and Risk-Taking Behavior for Thrifts[J]. Financial Management(1):43-60.

CHANG K P, 1999. Measuring Efficiency with Quasiconcave Production Frontiers[J]. European Journal of Operational Research, 115(3):497-506.

CHORTAREAS G E, GIRARDONE C, VENTOURI A, 2012. Bank Supervision, Regulation, and Efficiency: Evidence from the European Union[J]. Journal of Financial Stability, 8(4): 292-302.

COELLI T J, RAO D S P, O'DONNELL C J, et al, 2005. An Introduction to Efficiency and Productivity Analysis(2nd ed.)[M]. Berlin: Springer Science and Business Media, Inc.

De JONGHE O, VENNET R V, 2008. Competition Versus Efficiency: What Drives Franchise

Values in European Banking? [J]. Journal of Banking and Finance,32(9):1820-1835.

De NICOLO G, 2000. Size, Charter value and Risk in Banking: An International Perspective [R]. US Federal Reserve Board's International Finance Discussion Papers.

De NICOLO G, LOUKOIANOVA, 2007. Bank Ownership market Structure and Risk[R]. IMF Working Paper.

DEMSETZ R, SAIDENBERG M, STRAHAN P, 1996. Banks with Something to Lose: The Disciplinary Role of Franchise Value[J]. Economic Policy Review(2):1-14.

DEMIRGÜC-KUNT A, DETRAGIACHE, 1998. Financial Iiberalization and Financial FragiIity [R]. The world bank Policy research working paper, No: 1917.

DEMIRGÜC-KUNT A, HUIZINGA H, 2010. Bank Activity and Funding Strategies: The Impact on Risk and Returns[J]. Journal of Financial Economics (98):626-650.

DEZSÖA C L, ROSSB D G, 2012. Are Banks Happy When Managers Go Long? The Information Content of Managers' Vested Option Holdings for Loan Pricing[J]. Journal of Financial Economics, 106(2):395-410.

DIAMOND, RAJAN, 1966. Present Models that Formalize a Bank's Franchise Value and its Iiquidity and Fragility Implications[J]. Journal of Economics and Business (76):542-593.

DINC I S. 2005. Politicians and Banks: Political Influences on Government-Owned Banks in Emerging Markets[J]. Journal of Financial Economics, 77(2):453-479.

EGLY P V, SUN J, 2014. Trading Income and Bank Charter Value During the Financial Crisis: Does Derivatives Dealer Designation Matter? [J]. The Quarterly Review of Economics and Finance, 54(3):355-370.

FISHER K P, GUEYIE J P, 2001. Charter Value and Commercial Banks' Risk-taking in the NAFTA Countries[J]. The International Journal of Finance (13):2027-2044.

FURLONG F, KWAN S, 2005. Market-to-Book, Charter Value, and Bank Risk-Taking: A Recent Perspective [R]. Paper Presented at the Basel Committee Research Task Force Conference on Banking and Financial Stability at the Oesterreichische National Bank, Vienna.

FURLONG F T, KWAN S H, 2006. Sources of Bank Charter Value[R]. Working Paper, Federal Reserve Bank of San Franeisco.

GAGANIS C, PASIOURAS F, 2013. Financial Supervision Regimes and Bank Efficiency: International Evidence[J]. Journal of Banking and Finance, 37(12):5463-5475.

GALLOWAY T M, LEE W B, RODEN D M, 1997. Banks' Changing Incentives and Opportunities for Risk Taking[J]. Journal of Banking and Finance (21):509-527.

GAN J, 2004. Banking Market Structure and Financial Stability: Evidence from the Texas Real Estate Crisis in the 1980s[J]. Journal of Financial Economics (73):567-601.

GHOSH S, 2009a. Charter Value and Risk-taking: Evidence from Indian Banks[J]. Journal of the Asia Pacific Economy (14):270-286.

GHOSH S, 2009b. Bank Risk, Charter Value and Depositor Discipline: A Simultaneous Equations Approach[J]. Applied Financial Economics Letters, 16(2):39-44.

GONZALEZ F, 2005. Bank Regulation and Risk-taking Incentives: An International Comparison of Bank Risk[J]. Journal of Banking and Finance, 29(5):1153-1184.

GONZALEZ-RODRIGUEZ F, 2008. The Relationship between Charter Value and Bank Market Concentration: The Influence of Regulations and Institutions [J]. Applied Financial Economics, 18(2):153-72.

GORTON G, WINTON A, 1995. Bank Capital Regulation in General Equilibrium[R]. NBER Working Paper, NO:5244.

GREENE W, 2005. Reconsidering Heterogeneity in Panel Data Estimators of the Stochastic Frontier Model[J]. Journal of Econometrics, 126(2):269-303.

GROPP R, VESALA J, 2004. Deposit Insurance, Moral Hazard and Market Monitoring[R]. Working Paper, European Central Bank, NO:302.

GUTTENLAY J, HERRING R. 1983. The Insolvency of Financial Institutions: Assessment and Regulatory Disposition[C]. In Crises in the economic and financial structure. Edited by Paul Wachtel. Lexington: Lexington Books.

HAQ M, TARAZI A, AVKIRAN N, et al, 2013. Market Discipline and Bank Charter Value: The Case of Two Safe Banking Industries [R]. Working Paper, Available at https:// hal-unilim. Archives. Fr/hal-00955135.

HASAN I, WANG H, ZHOU M, 2009. Do Better Institutions Improve Bank Efficiency? Evidence from a Transitional Economy[J]. Managerial Finance, 35(2):107-127.

HAVRYLCHYK O, 2006. Efficiency of the Polish Banking Industry: Foreign Versus Domestic Banks[J]. Journal of Banking and Finance (30):1975-1996.

HELLMANN T, MURDOCK K, STIGLITZ J, 1996. Financial Restraint: Toward a New Paradigm [C]. In The Role of Government in East Asian Economic Development: Comparative Institutional Analysis. Edited by Masahiko Aoki H K, Masahiro O F. New York: Oxford University Press.

HELLMANN T, MURDOCK K, STIGLITZ J, 2000. Liberalization, Moral Hazard in Banking, and Prudential Regulation: Are Capital Requirements Enough? [J]. American Economic Review (90):147-165.

HOECHLE D, 2007. Robust Standard Errors for Panel Regressions with Cross-sectional Dependence[J]. The Stata Journal, 7(3):281-312.

ITO T, SASAKI Y N, 2002. Impacts of the Basle Capital Standard on Japanese Banks' Behavior [J]. Journal of the Japanese and International Economies, 16(3):372-397.

IWATSUBO K, 2007. Bank Capital Shocks and Portfolio Risk: Evidence from Japan, Japan and the World Eeonomy[J]. 19(2):166-186.

JIANG C X, YAO S J, ZHANG Z Y, 2009. The Effects of Governance Changes on Bank Efficiency in China: A Stochastic Distance Function Approach[J]. China Economic Review, 20(4):717-731.

JONES J S, MILLER S A, YEAGER T J, 2011. Charter Value, Tobin's Q and Bank Risk During the Dubprime Financial Crisis[J]. Journal of Economics and Business, 63(5):372-391.

KEELEY M C, 1990. Deposit Insurance, Risk, and Market Power in Banking[J]. The American Economic Review, 80(5):1183-1200.

KIM J B, SONG B Y, TSUI J S L, 2013. Auditor Size, Tenure, and Bank Loan Pricing[J]. Review of Quantitative Finance and Accounting, 40(1):75-99.

KONISHI M, YASUDA Y, 2004. Factors Affecting Bank Risk-Taking: Evidence from Japan [J]. Journal of Banking and Finance, 28(1):215-234.

KOPECKY K, VANHOOSE D. 2004. A Model of the Monetary Sector Weth and without Binding Capital Requirements[J]. Journal of Banking and Finance, 28(3):633-646.

KUMBHAKAR S C, GHOSH S, MCGUCKIN J T, 1991. A Generalized Production Frontier Approach for Estimating Determinants of Inefficiency in U. S. Dairy Farms[J]. Journal of Business and Economic Statistics, 9(3):279-286.

KUMBHAKAR S C, PARMETER C F, 2009. The Effects of Match Uncertainty and Bargaining on Labor Market Outcomes: Evidence from Firm and Worker Specific Estimates[J]. Journal of Productivity Analysis, 31(1):1-14.

La PORTA R, LOPEZ-DE-SILANES F, SHLEIFER A, 2002. Government Ownership of Banks [J]. Journal of Finance, 57(1):265-301.

LAEVEN L, LEVINE R, 2009. Bank Governance, Regulation and Risk Taking[J]. Journal of Financial Economics, 93(2):259-275.

LAEVEN L, MAJNONI G, 2003. Loan Loss Provisioning and Economic Slowdowns: Too Much, Too Late? [J]. Journal of Financial Intermediation, 12(2):178-197.

LAI H P, HUANG C J, 2010. Likelihood Ratio Tests for Model Selection of Stochastic Frontier Models[J]. Journal of Productivity Analysis, 34(1):3-13.

LEE T H, CHIH S H, 2013. Does Financial Regulation Affect the Profit Efficiency and Risk of Banks? Evidence from China's Commercial Bank[J]. North American Journal of Economics and Finance, 26 (C): 705-724.

LEPETIT L, NYS E, ROUS P, et al, 2008. Bank Income Structure and Risk: An Empirical Ananlysis of European Banks[J]. Journal of Banking and Finance (32):1452-1467.

LEVINE R, 1999. Financial Development and Economic Growth: Views and agenda[J]. Journal of Economic Literature(7):688-726.

LI Y, WANG M C, 2012. Capital Regulation, Monetary Policy and Asymmetric Effects of Commercial Bank's Efficiency[J]. China Finance Review International, 2(1):5-26.

LINDLEY J T, MARCHAND J R, STEWART MOUNTS J R, 2004. Aligning Charter Value to Default Risk: Lending Rights and the Pricing of Financial Intermediation [R]. http://papers. ssrn. com.

LIU Y Y, MYERS R,2009. Model Selection in Stochastic Frontier Analysis with an Application to Maize Production in Kenya[J]. Journal of Productivity Analysis, 31(1):33-46.

MARCUS A J, 1984. Deregulation and Bank Financial Policy [J]. Journal of Banking and Finance, 8(4):557-565.

MARCUS A J, SHAKED I, 1984. The Valuation of FDIC Deposit Insurance Using Option-Pricing Estimates[J]. Journal of Money, Credit and Banking, 16(4):446-460.

MARTINEZ-MIERA D, REPULLO R, 2010. Does Competition Reduce the Risk of Bank Failure? [J]. Review of Financial Studies (23):3638-3664.

MEEUSEN W, BROECK J, 1977. Efficiency Estimation from Cobb-Douglas Production Function with Composed Error[J]. International Economic Review, 18(2):435-444.

MERTON, 1977. An Analytic Derivation of the Cost of Deposit Insurance and Loan Guarantees: An Application of Modern Option Pricing Theory[J]. Journal of Banking and Finance, 1(1): 3-11.

NERI M, 2012. The Unintended Consequences of the Basel Ⅲ Liquidity Risk Regulation [R]. NBER Working Paper.

NIU J J, 2012. An Empirical Analysis of the Relation Between Bank Charter Value and Risk Taking[J]. The Quarterly Review of Economics and Finance (52):298-304.

OREA L, 2002. Parametric Decomposition of a Generalized Malmquist Productivity Index [J]. Journal of Productivity Analysis, 18(1):5-22.

PALIA D, PORTER, 2004. The Impact of Capital Requirements and Managerial Compensation on Bank Charter Value[J]. Review of Quantitative Finance and Accounting (11):191-206.

PARK S, 1997. Risk-taking Behavior of Banks Under Regulation[J]. Journal of Banking and Finance (2):491-507.

PASIOURAS F. 2008. International Rvidence on the Impact of Regulations and Supervision on Banks' Technical Efficiency: An Application of Two-Stage Data Envelopment Analysis [J]. Review of Quantitative Finance and Accounting, 30(2):187-223.

PASIOURAS F, TANNA S, ZOPOUNIDIS C, 2009. The Impact of Banking Regulations on Bank's Cost and Profit Efficiency: Cross-Country Evidence [J]. International Review of Financial Analysis, 18(5):294-302.

PAUSCH T, 2012. Risk Sensitivity of Banks, Interbank Markets and the Effects of Liquidity Regulation[R]. NBER Working Paper.

PETERSEN M A, RAJAN R G, 1973. Money and Capital in Economic Development [M]. Washington: Brookings Institution.

PETERSEN M A, RAJAN R G, 1995. The Effect of Credit Market Competition on Lending Relationships[J]. The Quarterly Journal of Economics, 110(2):407-443.

PETERSEN N C, 1990. Data Envelopment Analysis on a Relaxed Set of Assumptions [J]. Management Science, 36(3):305-314.

QU B Z, WANG P, XU Z, et al, 2010. Bank Efficiency, Market Development and Institutional Environment: Evidence from Chinese Banks[C]. Conference Paper of Third Term Five Star Finance Forum.

QU H J, LIANG Z, QIAN H M, 2014. A Quantitative Analysis of the Relationship of Franchise Value, Implicit Insurance and Bank Stability [J]. International Journal of Convergence Computing, 1(2):127-136.

RUBINSTEIN A, 1982. Perfect Equilibrium in a Bargaining Model[J]. Econometrca, 50(1): 97-110.

RUTHENBERG D, LANDSKRONER Y, 2008. Loan Pricing under Basel Ⅱ in an Imperfectly Competitive Banking Market[J]. Journal of Banking & Finance, 32(12):2725-2733.

SALAS V, SAURINA J, 2003. Deregulation, Market Power and Risk Behavior in Spanish Banks [J]. European Economic Review, 47(6):1061-1075.

SALOTTI V, SCHENCK N A, THORNTON J J, 2014. The Decline of Franchise Values During The 2008 Financial Crisis: Were Thrifts the Biggest Losers? [R]. Working paper.

SAPIENZA P, 2004. The Effects of Government Ownership on Bank Lending[J]. Journal of Financial Economics, 72(2):357-384.

SAUNDERS A, WILSON B, 2001. An Analysis of Bank Charter Value and Its Risk-Constraining Incentives[J]. Journal of Financial Services Research (19):185-195.

SCHAECK K, CIHAK M, 2007. Competition and Capital Ration[R]. IMF Working Paper.

SHRIEVES R E, DAHL D, 2003. Discretionary Accounting and the Behavior of Japanese Banks under Financial Duress[J]. Journal of Banking and Finance, 27(7):1219-1243.

STEVEN R N, HOWARD L, LILIANA R S, 1992. Bank Risk and the Declining Franchise Value of the Banking Systems in the United States and Japan[R]. NBER Working Paper.

STIGLITZ J E, WEISS A, 1981. Credit Rationing in Markets With Imperfect Information [J]. American Economic Review (71):393-410.

STIROH K, RUMBLE A, 2006. The Dark Side of Diversification: The Case of US Financial Holding Companies[J]. Journal of Banking and Finance (30):2131-2161.

STOLZ S, 2007. Bank Capital and Risk-taking: The Impact of Capital Regulation, Charter Value, and the Business Cycle[R]. Springer Insitution, Kiel Institute for the World Economy.

SUAREZ J, 1994. Closure rules, Market Power and Risk-taking in a Dynamic Model of Bank Behavior[R]. London school of economics discussion paper series.

SUN L, CHANG T P, 2011. A comprehensive Analysis of the Effects of Risk Measures on Bank

Efficiency: Evidence from Emerging Asian Countries [J]. Journal of Banking and Finance (35):1727-1735.

TERHI J, 2009. Nonlinearity of Bank Capital and Charter Values[R]. DG ECFIN's 6th Annual Research Conference (ARC 2009) SESSION B, Crisis and reform, Brussels.

VANHOOSE D, 2007. Theories of Bank Behavior under Capital Regulation [J]. Journal of Banking and Finance, 31(12):3680-3697.

WANG H J, 2002. Heteroscedasticity and Non-monotonic Efficiency Effects of a Stochastic Frontier Model[J]. Journal of Productivity Analysis, 18(3):241-253.

WANG H J, HO C W, 2010. Estimating Fixed-effect Panel Stochastic Frontier Models by Model Transformation[J]. Journal of Econometrics (157):286-296.

ZHANG J H, QU B Z, XU Z, et al, 2012. Market Development and Bank Profit Efficiency in China: Application of the Generalized Malmquist Productivity Index[J]. Asia-Pacific Journal of Accounting and Economics, 19(2):181-197.

ZHANG J H, WANG P, QU B Z, 2012. Bank Risk Taking, Efficiency, and Law Enforcement: Evidence from Chinese City Commercial Banks [J]. China Economic Review, 23 (2): 284-295.